Claus P. Müller-Thurau

„Jetzt werde ich Dir eine Geschichte erzählen…“

Claus P. Müller-Thurau

„Jetzt werde ich Dir eine Geschichte erzählen ..."

Unbefugte Bemerkungen zur Erziehung

Ullstein

CIP-Kurztitelaufnahme der Deutschen Bibliothek

Müller-Thurau, Claus Peter:
„Jetzt werde ich Dir eine Geschichte erzählen ...“ : unbefugte Bemerkungen zur Erziehung / Claus P. Müller-Thurau. – Berlin ; Frankfurt/M. : Ullstein, 1986.
ISBN 3-550-06492-6

Verlag Ullstein GmbH Berlin · Frankfurt/M.

Satz: Utesch Satztechnik GmbH, Hamburg
Druck und Einband: Ebner Ulm
ISBN 3 550 06492 6

Inhalt

Vorbemerkung

Erziehungsfragen beurteilen heute vorrangig Leute, deren Ansichten nicht durch direkte Erfahrungen in unsachlicher Weise beeinflußt worden sind. Da ich mich als Vater nicht mehr im Stand der wissenschaftlichen Unschuld befinde, ist den folgenden Überlegungen mit Skepsis zu begegnen.

Trotzdem widme ich dieses Buch meiner kleinen Tochter Lena und ihrer Mutter, die mich beide – weil nicht vom Fach – vor dem theoretischen »Hirnfraß« bewahrt haben.

C. P. M-T

Vorwort

Aufgrund der Gewichtsverhältnisse dürfte der Maikäfer nach Ansicht von Fachleuten eigentlich nicht fliegen – da er aber von Aerodynamik keine Ahnung hat, tut er es doch.

Das Greenhorn

»Kribbel, krabbel, blupp, blupp!«
Hans Christian Andersen, Moorkönigs Töchter

»Lieber Leser, weißt du, was das Wort Greenhorn bedeutet?« Mit dieser Frage beginnt der Mann aus Radebeul seinen »Winnetou« und mancher – auch wenn er an Jahren bereits zugelegt hat – erinnert sich gewiß, wie das Greenhorn näher erläutert wird: »Green heißt grün, und unter horn ist Fühlhorn gemeint. Ein Greenhorn ist demnach ein Mensch, der noch grün, also neu und unerfahren im Land ist und seine Fühlhörner behutsam ausstrecken muß, wenn er sich nicht der Gefahr aussetzen will, unliebsam anzustoßen.«

Damit hätten wir neben dem Schimmer aus der eigenen Kinder- und Jugendzeit eine recht gute Beschreibung des Greenhorns, wobei allerdings in Karl Mays Sinne noch auf eine besondere Eigenschaft dieses Wesens hinzuweisen wäre: ein Greenhorn hält eher alle anderen Menschen, nur nicht sich selbst für ein solches. Aber die Erkenntnis dieser Eigentümlichkeit stellt sich – wenn überhaupt – erst allmählich ein, wenn man wirklich »im Land ist und seine Fühlhörner behutsam« nutzt. Dann kann man eventuell eines Tages mit dem Autor des »Winnetou« sagen: »– und ein solches Greenhorn war damals auch ich.«

Damals zum Beispiel, als Lena gerade drei Jahre alt war und sich in dem engen Gang eines Supermarktes zu Boden warf, weil der Vater Töchterchens Markenbewußtsein bezüglich der in Augenhöhe präsentierten Süßspeisen nicht belohnen wollte. Da war freilich Not am Mann – zumal sich das Publikum drängte – und der gute Rat einer theoretisch fundierten Handlungsanweisung teuer. Und das, obwohl Lenas Vater einen akademisch bescheinigten Kopf voller Theorien über den Umgang mit Kindern in allen Lebenslagen hatte. Aber Lena wollte von Thomas Gordons »niederlagelosen Methode« zur Konfliktbewältigung (die dieser für ein gutes Einvernehmen mit Säuglingen und Supermächten empfiehlt) überhaupt nichts wissen. Skinner, Rogers, Tausch und wie sie alle heißen mögen – was zog, war die Auslage im Regal. Gewiß – man hätte nachgeben und damit ganz billig das Problem aus der Welt schaffen können. Schließlich gab es da ja auch das Prinzip der kindlichen Selbstbestimmung – aber eben auch das der elterlichen Konsequenz angesichts eines möglichen Bauchwehs und bevorstehenden Mittagessens.

Ach ja – und dann gab es da noch den amerikanischen Behaviouristen J. B. Watson:

»Gebt mir ein Dutzend gesunder Säuglinge mit geraden Gliedern und meine eigene, nach besonderen Regeln geschaffene Welt, um sie darin aufzuziehen, und ich garantiere euch, daß ich irgendeines aufs Geratewohl herausgreife und aus ihm jede Art Spezialist mache, die ich wähle – Arzt, Richter, Künstler, Kaufmann, ja – Bettler und Dieb, ohne Rücksicht auf seine Talente, Neigungen, Fähigkeiten, Berufungen und die Rasse seiner Vorfahren.«[1]

Wie hat Lenas Vater doch den John Broadus Watson geschätzt – damals, als Lena noch nicht da war. Heute stimmt er mit vollem Herzen und Vergnügen dem Satiriker Gabriel Laub zu: »Das Vorhandensein eigener Kinder, unabhängig von ihrer Zahl, stört die Reinheit des theoretisch-pädagogischen Denkens erheblich.«[2]

Oder anders: Wenn die Lust an der Theorie aufhört, beginnt die Freude mit dem Kind. Zu dieser Einsicht jedenfalls hat mich meine Tochter erzogen. Ich habe von ihr gelernt, daß Erziehung niemals eine Technik sein kann, mit der man Kinder formt wie der Töpfer seinen Ton – und daß »Kribbel, krabbel, blupp, blupp!« auch ganz schön ist.

Jetzt werde ich dir eine Geschichte erzählen

»Böses kommt aus Märchen.«
Ein Pädagoge

»By heart« sagen die Engländer, »par coeur« die Franzosen und man muß wohl anerkennen, daß unsere europäischen Nachbarn die schöneren Bezeichnungen für das »Auswendiglernen« haben. Zumindest in ihrer Sprache konnten sie hier etwas bewahren, was Eltern meist erst wieder von ihren Kindern lernen müssen – die Lust an der Wiederholung, das Vergnügen am Wiedererkennen des Vertrauten. Vielleicht liegt darin sogar das gar nicht aufregende Geheimnis eines guten Einvernehmens mit den Nachgeborenen.

Der Märchenonkel aus Dänemark stellt solche Überlegungen auf seine Weise an: »Jetzt werde ich dir eine Geschichte erzählen, die ich gehört habe, als ich klein war, und jedesmal, wenn ich darüber nachgedacht habe, fand ich sie schöner; denn es geht mit den Geschichten wie mit vielen Menschen, sie werden mit dem Alter schöner und schöner, und das ist so vergnüglich!«[3]

So also beginnt Hans Christian Andersen sein Märchen vom Vater, der immer das Richtige tut. Ich habe die Geschichte gelesen, als ich klein war, sie dann vergessen, und nun lese ich sie meinem Kind vor, und ganz gewiß gefällt sie mir heute noch besser. Und meiner Tochter? Sie weiß vermutlich jeden Satz »par coeur«, ja ihr Herz scheint an jedem Detail zu hängen, denn wehe, ich lasse aus Versehen etwas weg...

Aber der Titel – »Was Vater tut, ist immer Recht« –, immerhin befinden wir uns bei Andersen im letzten Jahrhundert. Kann man seinem Kind solch eine Geschichte überhaupt noch vorsetzen? Man kann – nicht, weil der Vater in seiner Ahnungslosigkeit bei all seinen Entscheidungen nur ungemein Glück hat –, man kann es vor allem dann guten Gewissens, wenn das Kind mit gespannter Aufmerksamkeit belohnt, was da vorgelesen wird. Dabei ergibt sich denn auch für einen selbst so ganz nebenbei eine gute Gelegenheit, einmal dem zu entkommen, was gerade wieder als »zeitgemäß« angesagt ist. Wie wäre es zum Beispiel hiermit: »Es war so herrlich draußen auf dem Lande: es war Sommer! Das Korn stand gelb, der Hafer grün, das Heu war unten auf den Wiesen in Schobern aufgesetzt, und dort ging der Storch auf seinen langen, roten Beinen umher und sprach ägyptisch, denn diese Sprache hatte er von seiner Mutter gelernt.«

Dies ist der Beginn von Andersens wohl schönstem Märchen. Solche Sätze stehen für sich, und jeder aktualisierende Hinweis auf Mähdrescher und zurückgehende Feuchtbiotope kann ihren Zauber nur zerstören.

Natürlich bleibt es unstrittig, daß der Däne in der einen oder anderen Geschichte seine Weltsicht bereithält – wohltuend aber ist, daß sich da nichts pädagogisch absichtsvoll aufdrängt:

»Es waren einmal zwei Hähne, einer auf dem Mist und einer auf dem Dache, hochmütig alle beide. Aber wer brachte es am weitesten? Sag uns Deine Meinung – wir behalten dennoch unsere eigene.«

Wer sich als Erwachsener durch diese »listigen« ersten Sätze (Egon Monk) einfangen läßt, bringt es möglicherweise auch fertig, sowohl in der Kinderwelt als auch in der Welt der Älteren zu Hause zu sein. Wie geht es weiter?

Oder wie mag es hier weitergehen, wo man doch meinen könnte, der Anfang sei zugleich auch schon der Schluß:

»Es war einmal ein Kaufmann, der war so reich, daß er die ganze Straße und fast noch eine kleine Gasse darum mit Silbergeld hätte pflastern können, aber das tat er nicht, er wußte sein Geld besser zu gebrauchen; gab er einen Schilling aus, so bekam er einen Taler wieder, so ein tüchtiger Kaufmann war er – und dann starb er.«

Wer Lust hat, setze sich doch an das Bett seiner Kinder und versuche einmal herauszufinden, zu welchen Märchen diese Anfänge gehören. Bestimmt muß ihm dann niemand mehr nachrufen, daß Geschichten erzählen zu den wichtigsten Sachen der Erziehung gehört.

Man muß ihm auch nicht erläutern, daß es bei den Märchen und Geschichten in erster Linie gar nicht darum geht, den Kleinen und Größeren geschickt eine Lektion zu erteilen, sondern daß es um die größte Verantwortung geht, die Eltern zu tragen haben – um die Verantwortung für die Kindheitserinnerungen. Aus denen – man darf sich da wohl auf Altvater Freud verlassen – lebt ein Mensch sein Leben lang. Zehren aber kann er gewiß nur von den schönen Erinnerungen, aus der kindlichen Erfahrung einer heilen Welt, die ihm hilft, die unheile besser zu bestehen.

Die Vermittlung einer Heile-Welt-Erfahrung steht freilich in erheblichem Gegensatz zu jener »Hinterfragungs-Pädagogik«, die ein »kritisches Bewußtsein« am liebsten bereits auf Kindesbeinen sieht. Solch ein Erziehungsziel kann aber wohl nur von Leuten propagiert werden, die selbst keine Kinder oder aber ihre eigenen bereits abgeschrieben haben. Vielleicht hält man sich deshalb doch lieber an die Großmutter als an den 28jährigen Sozialwissenschaftler, dessen Progressivität manchmal nur darin besteht, sich unwohl zu fühlen und andere dahin zu bringen, dies auch zu tun. Für sein Unwohlsein mag es Gründe geben, die er nicht zu verantworten hat und über die er sich auch mit Recht beklagt – aber daß er Kindern *diese* Geschichte unbedingt vorenthalten möchte, ist mehr als unfreundlich: »Des Kaisers Roß bekam goldene Hufeisen, ein goldenes Hufeisen unter jeden Fuß.

Warum bekam es goldene Hufeisen?

Es war ein wunderschönes Tier, hatte feste Beine, kluge Augen und eine Mähne, die ihm wie ein seidener Schleier über den Hals herab hing. Es hatte seinen Herrn durch Pulverdampf getragen, hatte die Kugeln singen und pfeifen hören; es hatte um sich gebissen, um sich geschlagen und mitgekämpft. Als die Feinde auf sie eindrangen, war es mit seinem Kaiser in einem Sprunge über das gestürzte Pferd des Feindes gesetzt und hatte seinem Kaiser das Leben gerettet. Das war mehr wert als das rote Gold, und deshalb bekam des Kaisers Roß goldene Hufeisen, ein goldenes Hufeisen unter jeden Fuß.

Und der Mistkäfer kroch hervor.

›Erst die Großen, dann die Kleinen‹, sagte er, ›aber die Größe allein macht es nicht.‹ Und dabei streckte er seine dünnen Beine aus.

›Was willst du denn?‹ fragte der Schmied.

›Goldene Hufeisen‹, antwortete der Mistkäfer.

›Du bist wohl nicht ganz klar im Kopf!‹ sagte der Schmied.

›Du willst auch goldene Hufeisen haben?‹

›Goldene Hufeisen, jawohl!‹ sagte der Mistkäfer. ›Bin ich denn nicht ebenso gut wie das große Tier da, das gepflegt, geschniegelt und gestriegelt wird und Futter und Trank hat?

Gehöre ich nicht auch zu des Kaisers Stall?‹

›Aber warum bekommt das Pferd goldene Hufeisen?‹ fragte der Schmied, ›begreifst du das nicht?‹

›Begreifen? – Ich begreife, das es eine Geringschätzung meiner Person ist‹, sagte der Mistkäfer, ›es ist eine Kränkung – und deshalb gehe ich nun in die weite Welt hinaus!‹

›Hau ab!‹ sagte der Schmied. (. . .).«

Wer wissen möchte, wie's weitergeht, mag nachlesen.

Nur soviel noch zur Geschichte der Geschichte: Andersen erhielt die Vorlage von Charles Dickens, als dieser eine Sammlung arabischer Sprichwörter herausgab. Eines davon – ›Als des Kaisers Roß goldene Hufeisen bekam, hielt auch der Mistkäfer das Bein hin‹ – versah er mit der Bemerkung: »Wir empfehlen Hans Christian Andersen, darüber ein Märchen zu schreiben.«[4]

Er tat's – und zwar so, daß man wohl keinem Kind nach dem Vorlesen der ersten Seite sagen kann: Wie die Geschichte weitergeht, wird nicht verraten!

Vielleicht aber geht es auch manchem Älteren so, weil er noch nicht alles verloren hat, was die Erlebnisfähigkeit eines Kindes ausmacht und weil es ihm keineswegs ein Greuel ist, daß ein Pferd, das das Leben des Kaisers rettete, nicht geschlachtet werden, sondern goldene Hufeisen bekommen soll. Vielleicht erlangt er gemeinsam mit dem Kind sogar jenen Zustand gesammelter Aufmerksamkeit, in dem sich die Frage nach dem Zweck dieser Aufmerksamkeit gar nicht mehr stellt. Der Zweck des Märchenerzählens ist zunächst kein anderer als das Märchenerzählen selbst.

Man lese also die Geschichte vom Mistkäfer bis zu Ende und freue sich mit den Kindern darüber, daß er nach vielen Abenteuern in den kaiserlichen Stall zurückkehrt und zufrieden feststellt: »Die Welt ist doch nicht so übel, man muß sie nur zu nehmen wissen.«

Natürlich geht es hier längst um mehr als ein Lesevergnügen, denn es wird Optimismus propagiert. Und das Kind, dessen Seele noch nicht allzu beschädigt ist, wird

Es war einmal ein armes Häusler-kind...

die Meinung des Mistkäfers gern teilen. Welch ein Dissertationsthema für einen Sozialwissenschaftler: männliche und weibliche Bezugspersonen bieten den Objekten von Fremdbestimmung einen Mistkäfer als Identifikationsfigur an! Märchenerzählen als Einübung in bestehende Herrschaftsverhältnisse!

Er sollte lieber keine Kinder haben, es sei denn, *diese* Geschichte stimmt ihn doch ein wenig nachdenklich: »Da liege ich still, allein, gewickelt in diese vielfachen Tücher der Finsternis, Langeweile, Unfreiheit des Winters. Und dabei klopft mein Herz von einer unbegreiflichen, inneren Freude, wie wenn ich im strahlenden Sonnenschein über eine blühende Wiese gehen würde. Und ich lächle im Dunkeln des Lebens, wie wenn ich um ein zauberndes Geheimnis wüßte, das alles Böse und Traurige Lügen straft und in lauter Helligkeit und Glück verwandelt. Und dabei suche ich selbst nach einem Grund zu dieser Freude, finde nichts und muß wieder lächeln über mich selbst.

Die tiefe nächtliche Finsternis ist so schön und weich wie Samt, wenn man nur richtig schaut. Und in dem Knirschen des feuchten Sandes unter den langsamen schweren Schritten der Schildwache singt auch ein kleines schönes Lied vom Leben, wenn man nur richtig zu hören weiß. (...).«

Geschrieben wurde dies im Dezember 1914 – im Breslauer Frauengefängnis – von jemandem, der bereits über drei Jahre einsaß.

»Wenn man nur richtig schaut...« – »wenn man nur richtig zu hören weiß...«: aus diesen Zeilen, die Rosa Luxemburg damals an ihre Freundin Sonja Liebknecht schrieb, klingt jene Kraft der Bejahung des Lebens und der Welt, die viel mit der Glücksfähigkeit eines Menschen zu tun haben muß. Die Wurzeln für solch eine Haltung werden in der Kindheit oder niemals angelegt.

Und das hat alles auch etwas mit dem Märchenerzählen zu tun.

Manche Menschen – wahrscheinlich die eher engherzigen – halten davon freilich nichts. Märchenerzählen, so sagen sie, sei bestenfalls verzeihbares Lügen für Kinder – die Wirklichkeit ist doch völlig anders. Sie werden den Märchen niemals glauben.

Entscheidend aber ist, daß die Kinder ihnen glauben und das Vergnügen mit jemandem teilen können. »Jetzt werde ich dir eine Geschichte erzählen ...«: vielleicht ergibt sich hieraus im späteren Leben der kleinen Zuhörer häufiger einmal ein Anlaß, etwas als ›märchenhaft schön‹ oder sich selbst ›wie im Märchen‹ zu empfinden.

Märchen und Geschichten können aber noch mehr. Vor Jahren ging ein islamischer Staatsmann zu den Juden und bot ihnen Frieden an. Berief er sich bei seinem Besuch auf den seit Jahrzehnten andauernden und für beide Seiten unerträglichen Kriegszustand? Versuchte er seine Gastgeber davon zu überzeugen, daß es neben dem Trennenden doch auch viele Gemeinsamkeiten gäbe? Er tat zunächst weder das eine noch das andere. Aber er wählte den Termin seines Besuchs so, daß daraus eine Botschaft wurde, die die ausgefeilteste politische Rede nicht hätte übermitteln können: der ägyptische Präsident Sadat kam zum Fest des Abrahamsopfers und beschwor damit den gemeinsamen Stammvater. Das konnte allerdings nur einen Sinn geben, weil jedes Kind in Israel diese Geschichte kannte. So machen Geschichten Geschichte.

Zum Beispiel auch diese: Troja, die Hauptstadt eines riesigen Reiches, liegt in Schutt und Asche. Aeneas, der Held, rettet seinen greisen Vater Anchises und trägt ihn auf der Schulter durch die brennende Stadt: »Auf denn, lieber Vater, so setze dich auf meinen Nacken. Hier, ich biete die Schultern dir dar: nicht drückt diese Last mich.«

Auf einem Kupferstich von Moreau le Jeune sehen wir ihn, wie er mit dem Vater und dem kleinen Sohn, der sich ängstlich-hoffend an ihm festhält, an den zertrümmerten Statuen seiner Heimatstadt vorbeischreitet: »Ich zog fort, auf der Schulter den Vater, und ging zum Gebirge.«

Vergil, der Autor des römischen Nationalepos', schildert uns Aeneas auf seinem Weg in eine ungewisse Zukunft als glücklichen Menschen, dessen Stärke und Zuversicht in einem schwachen Vater und einem unmündigen Sohn gründen. Im Sinne der Schwächeren, die er liebhat, kann Aeneas seine und deren Zukunft nicht vorschnell aufgeben. Wir erfahren, daß der lange Fluchtweg schließlich in Rom und mit der Gründung eines Weltreiches endet.

Die Last der Vergangenheit zu akzeptieren und der Zukunft selbstlos den Weg zu ebnen – diese globale Botschaft der »Aeneis« mag manchen heute eher verstimmen, gewiß aber wird sie nicht als selbstverständlich angenommen. Ganz besonders wohl bei einem Volk, dem man über Generationen eine völlig andere Geschichte erzählt hat:

»Uns ist in alten maeren wunders vil geseit...« Der Mann, der um 1200 mit diesem Vers das Nibelungenlied begann, weiß von einem anderen Gesetz der Weltgeschichte zu berichten: »Die Aufhebung des Menschen durch den Menschen in Tränen und Feuer und Blut.«[5]

In der Tat – die Treue (bis) in den Tod, die Deutschlands Kaiser 1914 beschwor, hat wenig mit jener Aufgabe zu tun, die Vergil dem römischen Volk in seiner »Aeneis« einst vorgab. Hier der Mythos vom gemeinsamen Untergang, in dem freilich alle fürchterlich über sich hinauswachsen – dort die Geschichte vom Aufbruch zum gemeinsamen Ziel, das glücklich erreicht wird. Vielleicht mußte die Entwicklung auch deshalb unterschiedlich verlaufen.

Immerhin war es ein Neurologe diesseits der Alpen, der mit der schockierenden Nachricht überraschte, daß der Sohn bereits frühzeitig in den Tiefenschichten seiner Seele den Plan hege, zu gegebener Zeit den Vater zu erschlagen, um mit der Mutter schlafen zu können. Zwar mag man dem entgegenhalten, daß es auch in der griechischen Sage solch eine mörderische Komponente im Vater–Sohn-Verhältnis gibt – aber Ödipus tötet ahnungslos seinen ihm unbekannten Vater und erhält, weil er Theben vor der Sphynx errettet, die Hand der ihm ebenfalls unbekannten Mutter. Bei Sigmund Freud jedoch werden Mord- und Inzestgelüste zum vorprogrammierten seelischen Komplex.

Egal, wie ernst solch eine Geschichte heute genommen wird – sie ist wenig geeignet, das Vergnügen an der eigenen Art zu fördern.

Die Vorfreude wird auch bei Alfred Adler eher gedämpft. Wer sich vor der Entscheidung für ein Kind bei ihm schlau machen möchte, wird feststellen, daß allemal viele Probleme ins Haus stehen.

Mit einem Einzelkind, warnt der Psychoanalytiker, laufen Eltern Gefahr, einen Neurotiker und Egoisten auf die Menschheit loszulassen. Und was wird aus dem ersten, wenn man solch eine Kalamität durch ein zweites vermeiden will? Es kann nur noch schlimmer kommen: Das Erstgeborene, heißt es, erlebt die Geburt des neuen Familienmitgliedes als »Entthronung« und gerät dadurch in schlimme seelische Krisen, die bis hin zur chronischen Depression führen können. Schon Esau ist mit dieser Position in der Geschwisterreihe nicht zu Rande gekommen und hat sein Erstgeburtsrecht um ein Linsengericht an seinen jüngeren Bruder Jakob verkauft. Aber auch dem Jüngsten droht Ungemach: es wird bekanntlich oft als Nesthäkchen verwöhnt und bleibt deshalb lebensuntauglich.

Hier sollen gewiß nicht die Leistungen von Freud und Adler in Zweifel gezogen werden, denn so richtig los ging es ja erst später, als immer mehr (meist kinderlose) Autoren Eltern und solche, die es werden wollten, mit ihren Schriften in Angst und Schrecken versetzten: was kann man nicht alles falsch machen! Was muß man nicht alles bedenken! Vielleicht wäre es doch besser...

Der Satiriker Gabriel Laub hat hieraus seine eigenen Schlüsse gezogen: »Den spärlichen, aber immer noch vorhandenen Bevölkerungszuwachs verdanken wir den Bürgern, die keine pädagogische Literatur lesen.« Denken die Nichtleser in ihrer bedauernswerten Verblödung nur an das eine, bzw. sind die Vielleser derartiger Publikationen ständig zu müde? Wie auch immer – Gabriel Laub jedenfalls empfiehlt, die zeitgenössische pädagogische Ratgeberliteratur der Dritten Welt zur Lösung der Bevölkerungsprobleme ans Herz bzw. an die Schlafstätte zu legen.

Die Satire verspottet die Unzulänglichkeit der Verhältnisse mit dem ihr erlaubten Mittel der Übertreibung und deshalb, sagt Laub in eigener Sache, schildere sie unsere Welt realistisch. Hier soll aber der Akzent doch lieber anders gesetzt und an den Straßenverkehr erinnert werden: mit den Ratschlägen verhält es sich wie mit den Gebots-, Verbots- und Hinweisschildern – gibt es zu viele, läuft man Gefahr, das wichtigste zu übersehen. Stellt jeder welche auf, der sich nach eigener Einschätzung dazu befugt fühlt, ist man gut beraten, sich lieber auf sich selbst zu verlassen. Das gilt ganz besonders dann, wenn diejenigen, die die Schilder aufstellen, überhaupt nicht am Straßenverkehr teilnehmen.

Folgt mir – ich bin schon weg!

Ratschläge sind auch Schläge. Ein Graffito

Jan mag Mareike. Mareike mag Jan. Und Mareike hat bald Geburtstag. Fünf Jahre wird sie alt. Und sie kommt in die Vormittagsgruppe – mit Jan. Klar, daß sie Jan eingeladen hat, zu ihrem Geburtstag zu kommen.

Aber, sagt Mami, das wird nun nichts. Weil – Jan hört zu Hause Cassetten: »Jim Knopf und die wilde Dreizehn«. Und »Räuber Hotzenplotz«. Und »Die kleine Hexe«. Und, sagt Mami, das ist nicht gut! Und deshalb ist es auch nicht gut, wenn Mareike mit Jan spielt – weil –, der Jan darf zu Hause Cassetten hören.

Mareike ist traurig. Jan wird ihr sehr fehlen. Schließlich wird sie fünf und kommt auch in die Vormittagsgruppe. Und Jan ist auch traurig. Weil – Mareike ist nämlich seine Freundin. Und bei Mareike ist auch oben ein Zahn locker. Und Mareike kommt auch in die Frahmstraße – da haben sie denselben Schulweg.

Aber Mareikes Mami mag Jan nicht. Neulich hat sie mit Jans Mutter telefoniert, und Jans Mami war wütend und hat gesagt, das ginge sie gar nichts an. Jan muß nun zu Hause bleiben – und die anderen spielen Topfschlagen und elektrischer Bonbon. Und zum Abendbrot gibt es warme Würstchen mit Kartoffelsalat. Und zum Abschied bekommt jeder einen Luftballon.

Doch Jan darf nicht mitmachen, denn – das hat Mami zu Papi gesagt – Mareikes Mami hat gesagt, daß Jan auf

Mareike einen schlechten Einfluß habe. Weil ... Jan darf Cassetten hören.

So weit, so schlecht. Aber ist Mareikes Mutter wirklich eine Böse, nur weil sie für ihre Tochter das Beste will? Und das muß doch für sie heißen, alles Schlechte von der Kleinen fernzuhalten. Und Cassetten sind für Kinder schlecht. Sind Cassetten schlecht?

Nun, das ist schon eine besondere Geschichte. Besser – es sind zwei, die eng miteinander verwoben zu sein scheinen.

Erzählt sei zunächst die eine, die von Kirsten, und zwar erst einmal der Schluß, wie ihn eine Zeitungsschlagzeile darstellt: »Polizei griff nachts eine 15jährige Ausreißerin auf. Zwei Sozialpädagoginnen ließen sie laufen. Jetzt ist sie wieder vermißt.«

Und was sagen die Verantwortlichen dazu? »Kirsten zählt zu den wenigen Ausnahmen, die auf unsere pädagogischen Bemühungen nicht eingehen. Begegneten wir ihr aber deswegen mit Zwangsmaßnahmen, würde unser Erziehungskonzept zusammenbrechen.« Das Erziehungskonzept? Hier stellt sich denn doch die Frage, ob der Schluß nicht zugleich auch der Anfang der Geschichte sei – ein »Schluß-Anfang« sozusagen, der uns geradewegs mit dem A und O theoretisch-pädagogischer Konzepte vertraut macht: auf den Einzelfall kann keine Rücksicht genommen werden!

Aber vorher zur zweiten Geschichte. Sie handelt von einem älteren Herrn, der unzufrieden ist. Als Schulexperte wendet er sich in seiner Not an die örtliche Presse: »Bitte ruft uns an!« Der Mann leitet nämlich einen staatlichen Sonderdienst »Zeugnistelefon« und grämt sich über die mangelnde Beteiligung. Natürlich weiß er, woran es liegt, und er weiß auch, was jenen blüht, die seinen amtlichen Rat verschmähen: »Die Schüler und Eltern haben zu oft Schwellenangst. Darum rufen sie gar nicht erst an. Doch sollten sie bedenken, daß sie ohne fachmännische Beratung ihren Problemen nicht beikommen können.«

Das ist gewiß eine böse Geschichte, wo doch jedermann weiß, wie gut es tut, klare Worte über unklare Verhältnisse zu vernehmen. Also – wie soll man sich verhalten, wenn einem ein miserables Zeugnis zur Besichtigung vorgelegt wird? Der Mann vom Amt läßt die Katze aus dem Sack: »... mit Tochter oder Sohn in aller Ruhe sprechen. Nur so läßt sich eine Lösung aller Schulprobleme finden.«

Dieser phänomenale Rat verblüfft denn doch – und müßte all jene verstimmen, die das Problem bei sich zu Hause haben, während der Experte weit weg bzw. bei seinem nächsten Anrufer ist.

Wenn so die gepriesene »fachmännische Beratung« daherkommt – das mögen manche Eltern bei sich denken –, dann sind *wir* schon lange Experten in pädagogischen Fragen.

Aber da haben sie die Rechnung ohne den Wirt gemacht – bzw. ohne jene »Herrschaft«, die Hans Christian Andersen in einem seiner Märchen beschreibt und die für unsere Geschichte durchaus typisch ist. Diese »Herrschaft« hatte einen Gärtner namens Larsen und einen Lieblingssatz, mit dem sie das Ergebnis seiner Bemühungen gönnerhaft auf den Punkt brachte: »Dieses Jahr wurde es nichts, guter Larsen!«

Die Leute nahmen dem Gärtner nämlich seinen Erfolg übel und stellten seinem Können bei jeder Gelegenheit die Tatsache gegenüber, »daß sie die Herrschaft waren, sie konnten Larsen kündigen« – doch, fügt Andersen hinzu –, »das taten sie nicht, sie waren gute Menschen, und das ist erfreulich für jeden Larsen.«

Damit wäre man bei Andersens Hauptthema, der »unverdienten Kränkung« Niedriggestellter durch Hochgestellte – und am Schluß der Geschichte: »Nun magst du darüber nachdenken.«

Zum Beispiel über jene Kränkungen, die Mütter und Väter hinnehmen müssen, wenn Kinderlose im Fernsehen über Kindererziehung dozieren: »... Integrationsleistung verstärken! ... emotionale Austauschprozesse kultivieren! ... Identifikationsobjekte anbieten! ... Konflikte thematisieren und aufarbeiten!«

Eigentlich müßte man die Larsens, die das natürlich nicht bringen, hinauswerfen. Da dies aber nicht so ohne weiteres möglich ist, kann man ihnen wenigstens vor Augen führen, wie untalentiert und letztlich auch leicht ersetzbar sie sind. Die pädagogischen Instrukteure kennen sich nämlich in den seelischen Tiefenschichten der Larsens gut aus, sie kennen vor allem den subtilen Wirkungsmechanismus der »sich selbst erfüllenden Prophezeihung«. Man braucht sie nur zu entmutigen, indem man ihnen sagt: Ohne fachmännische Beratung werdet ihr euren Problemen nicht beikommen können. Man muß das den Larsens vor allem bei jeder Gelegenheit sagen, man muß ihnen sagen, wie konzeptionslos es bei ihnen zu Hause zugeht – und man muß es so oft sagen, bis ihnen selbst vor ihrem erzieherischen Tun graust.

Nur dann wird Frau Larsen eines Tages zur Kenntnis nehmen, daß das, was *sie* kann, eine Tagesmutter schon lange kann. Und sie wird beeindruckt sein, wenn sie erfährt, daß ein großes Institut zur Klärung dieser Frage – die nun freilich keine mehr ist – fünf Jahre lang viel Geld verforscht hat: 220 Tagesmütter in elf Orten, 420 Pflegekinder, 400 Eltern und 22 pädagogische Berater und Betreuer waren an der Untersuchung beteiligt. Bei einem derartigen Aufwand wäre es doch gelacht, wenn man nicht herausbekäme, was man sich im stillen als Resultat gewünscht hat.

Was also darf sich Frau Larsen von ihrer »Herrschaft« sagen lassen? Sie darf sich sagen lassen, daß es für ihr Kind ideal sei, wenn es möglichst schon im ersten Lebensjahr an die Tagesmutter gewöhnt wird – am besten bereits in den ersten Monaten. Frau Larsen kann dann nämlich zum eigenen und des Säuglings Wohl getrost halbtags arbeiten. Ihre ständige Anwesenheit ist der Studie zufolge sowieso ungünstig und findet obendrein nicht immer die Gegenliebe der Kleinen: so was führt nur zur Verhätschelung, durch die Kinder »bekanntlich« und »unter Umständen« ängstlich werden. Das alles kann bei einer Tagesmutter nicht passieren, denn da ist das Jugendamt vor: wer Tagesmutter werden möchte, muß erst einmal einen Antrag stellen! Dann findet die »Pflegestellenüberprüfung« statt, da ja die Voraussetzungen für eine günstige körperliche, geistige und seelische Entwicklung des Pflegekindes gewährleistet sein müssen. Dann erst gibt es die amtliche Zulassung und jene ca. 450 DM für mütterliche Zuwendung und Vollpension.

Wurde Ihnen, gute Frau Larsen, so auf den Zahn gefühlt, als Sie sich anschickten, Mutter zu werden? Und sind Sie, Herr Larsen, hinsichtlich der jüngsten pädagogischen und entwicklungspsychologischen Erkenntnisse auf dem laufenden? Sie kennen doch nicht einmal die revolutionären Einblicke, die Dr. Thomas Verny und John Kelly in das Seelenleben des Ungeborenen gewonnen haben. Immerhin glauben die beiden Forscher belegen zu können, daß sich bereits im Mutterleib entscheide, ob das Ungeborene »sich später als glücklich oder traurig, angriffslustig oder feige, sicher oder angstgepeinigt erlebt und sich auch entsprechend verhält«.[6]

Da ist zu lesen, daß sich der Foetus schon ärgern kann – zum Beispiel über den Beischlaf der Mutter mit dem Vater – und daß der in diesem Entwicklungsstadium aufgestaute Zorn gar zu späteren Depressionen führt.

Aber das ist beileibe nicht alles: nach Dr. Verny und Kelly kann es durchaus passieren, daß der Säugling ein Fehlverhalten der Mutter während der Schwangerschaft ahndet, indem er unter Zurückstellung seiner Bedürfnisse ihre Brust ablehnt. Strafe muß sein!

Ja, gute Frau Larsen, das alles haben Sie nicht bedacht. Aber dank Verny und Kelly dürfen Sie hoffen, glauben und vertrauen – zumindest, was das nächste Kind betrifft: »... wir wissen schon genug über die Seele und die Emotionen des Foetus, um dazu beizutragen, daß Tausende von Kindern vor lebenslänglichen, verheerenden emotionalen Störungen bewahrt werden.«

Das Kalkül wird deutlich: Im Zustand der Sorge kann der Bedarf an expertenhafter Hilfe nur wachsen. Denn das alles muß für die Larsens etwa so beruhigend klingen, als würde der Nachbar bei ihnen mit der präzisen Mitteilung vorsprechen, daß er keineswegs beabsichtige, sie heute noch umzubringen. Wie bitte? Was hat er da gesagt? Heute noch nicht!? Sie beginnen, den Nachbarn genau zu beobachten, horchen auf Zwischentöne in seinen Reden, suchen nach den verräterischen Gesten. Herr Larsen plädiert dafür, ihm in Zukunft mit besonderer Aufmerksamkeit zu begegnen, ihn hin und wieder einzuladen und zu bewirten. Und bald heißt es bei den Larsens nur noch: »Der Nachbar hat gesagt ...«.

So hat er sie also doch zur Strecke gebracht, denn die Larsens haben ihren Kopf nicht mehr für sich.

Im Alltag könnte sich das etwa so abspielen ...

Herr Larsen: Ach, was muß man oft von bösen / Kindern hören oder lesen! ...

Frau Larsen: Ich bin mir nicht sicher, ob es gut ist, Pige die Geschichten von Max und Moritz vorzulesen. Ich habe gehört, daß aus germanistisch-psychologischen Erwägungen heraus Bedenken angemeldet werden ...

Herr Larsen: Du meinst die Untersuchung von Müller-Suur... »Max und Moritz unmoralisch« oder so?

Frau Larsen: Auf alle Fälle besteht die Gefahr, daß sich die nachgewiesenen Macken und Verklemmungen von Wilhelm Busch auf Pige übertragen. Lies lieber etwas anderes vor!

Herr Larsen: ... steigt über den Rand hinaus und kocht immerzu, die Küche und das ganze Haus voll, und das zweite Haus und dann die Straße, als wollt's die ganze Welt satt machen... Moment mal! War die Welt der Grimms nicht die des biedermeierlichen Gelehrten – mit viel bürgerlichem Pathos!?

Frau Larsen: 'n gutes Gefühl hab' ich da auch nicht. Es heißt immerhin, daß solche Märchen vom Wünschen und Erfüllen Gift für die kindliche Seele seien – eben total wirklichkeitsfremd.

Pige: Das häßliche Entlein! Lies die Geschichte vom häßlichen Entlein bitte noch einmal vor!

Herr Larsen: Nein, Pige, das geht wirklich nicht! Da sind wir doch inzwischen schlauer, was den Andersen betrifft: »Es schadet nichts, in einem Entenhofe geboren zu sein, wenn man nur in einem Schwanenei gelegen hat!« Derartige Harmonisierungstendenzen müssen wir von Pige fernhalten – nein – wir brauchen eine andere Lektüre, etwas, bei dem sich ihr kritisches Bewußtsein entfalten kann ... Verbesserung des produktiven Denkens ... fluide Intelligenz ... Selbstfindung ... emanzipatorischer Anspruch...

So mag es wohl noch eine ganze Weile weitergehen. Und Pige? Vielleicht erwacht das »häßliche Entlein« von ganz allein wieder in ihrer Erinnerung. Vielleicht stellt sie sich vor, wie das Entlein den kalten Winter verbrachte – einsam, von allen anderen Tieren verlassen. Es mußte im Wasser herumschwimmen, um zu verhindern, daß es völlig zufror. Doch es half wenig, denn das Loch, das ihm geblieben war, wurde kleiner und kleiner. Am Ende lag das Entlein ganz matt da und fror im Eise fest...

Natürlich kann die Geschichte vom Nachbarn, der keineswegs beabsichtigt, die Larsens umzubringen, nur ein Alptraum gewesen sein – genau wie die Sache mit der wissenschaftlich angeleiteten Kindheit. Die Larsens wissen doch selbst sehr wohl, daß Wissenschaft mißbrauchbar ist – sie wissen, wie schnell sie zum Tyrannen werden kann und daß häufig bei der Umsetzung ihrer Erkenntnisse etwas herauskommt, was keiner gewollt haben kann.

Andererseits hat es immer jene gegeben, die Ängste organisieren bzw. mit der organisierten Angst gut fahren. Der Befund, daß es auch so was gibt, ist zumindest nicht neu. Wilhelm von Kügelgen, ein Hofmaler und Kammerherr des 19. Jahrhunderts, beschreibt in seinen »Jugenderinnerungen« die Auswirkungen der damals modernen Pädagogik auf seine Mutter:

»Diese liebe Mutter strebte nach keiner anderen Ehre als der einer guten Frau und Mutter. Mit ihren Kindern beschäftigte sie sich treu und unablässig und war gewissenhaft bemüht, nichts zu versäumen, was zu unserer Menschenbildung dienlich schien. Aus diesem Grunde studierte sie auch fleißig die gepriesenen pädagogischen Werke ihrer Zeit, aus denen sie freilich wenig Nutzen ziehen mochte; denn eine halbwegs gescheite Mutter weiß schon allein, wie sie ihre Kinder zieht – wo nicht, so lernt sie es schwerlich, weder von Campe, noch Pestalozzi. Sie mochte vielmehr von dieser erquicklichen Lektüre den Nachteil einer fast krankhaften Steigerung ihrer ohnedem schon allzu regen Sorglichkeit haben, denn sie lernte alle erdenklichen Jugendfeinde Leibes und der Seele kennen, eine Legion unablässig anstürmender Teufel, vor denen ihre Kinder zu bewahren die Kraft der Mutter doch nie ganz ausreicht.«[7]

Einstweilen sind über hundert Jahre vergangen, und für die rastlosen Wegbereiter zum vollendeten Menschentum gab es kein Halten. Es war eine lange Wegstrecke zurückzulegen, bis man endlich die eigentliche Brutstätte allen Übels, die Familie, entdeckte. Wer wollte oder auch nicht wollte, konnte bzw. mußte sich nun die Augen öffnen lassen für den wahren Charakter von Eltern: Ungeheuer! Auf nichts anderes bedacht, als ihren Nachwuchs seelisch zu verkrüppeln und in die Knechtschaft der bürgerlichen Gesellschaft zu führen!

Was Wissenschaftler bescheinigten, wurde dann 1980 auch von den Deutschen Jungdemokraten politisch festgemacht: »Ehe und Familie bilden in unserer Gesellschaft sprichwörtlich den Rahmen für Unfreiheit, Unterdrückung und Unzufriedenheit.«

Klar, daß sich die Sache am besten vorantreiben läßt, indem man Frau Larsen endgültig den Boden unter den Füßen wegzieht. Etwa so: Die Sache mit der besonderen Mutter-Kind-Beziehung ist bloß ein Mythos! Einer, der seine Zuständigkeit für solche Fragen gleich über zwei Diplomierungen nachgewiesen hat, muß es doch wissen:

»Es gibt keinen Grund für die Annahme, daß soziale Stimulation am besten durch eine liebende Mutter oder Mutterfigur vermittelt wird. Die Behauptung, daß ein bestimmtes Quantum von sensorischer Stimulation einen zusätzlichen Wert dadurch erhält, daß es von der Mutter stammt, bleibt eben eine Behauptung.«[8]

Keine bloße Behauptung wäre hier der Hinweis, daß auch ein Vibrator sensorische Stimulation zu liefern imstande ist. Wer sich also fortschrittlichen Ideen gegenüber als verstockt erweist, wird die Begeisterung nicht teilen können, mit der der 32jährige Diplom-Soziologe, Diplom-Psychologe und Dr. phil. in seiner Abhandlung über den »Mutter-Mythos« die Beobachtungen einer sowjetischen Forscherin zitiert. Sie konnte sich nämlich in einem Säuglingsheim der Tatsache vergewissern, wonach die Kinder »sich bedeutend mehr über das Erscheinen der Schwestern freuen, die sich mit ihnen unterhalten und mit ihnen spielen, als über die Mütter, die zum Stillen kommen.« Warum sich die Mütter während des Stillens mit ihren Kindern nicht unterhalten haben sollen, bleibt unverständlich – deutlich wird dafür etwas anderes: Sie sind so gut wie hinausgeworfen, Frau Larsen! Das Urteil ist längst gesprochen, vorläufig aber auf Bewährung ausgesetzt.

Eltern, die kaum den Tagesmüttern, geschweige denn einer ausgebildeten Säuglingsschwester das Wasser reichen können, müssen konsequent resozialisiert werden. Dazu bedarf es eines radikalen Neubeginns und der Unterstützung durch Bewährungshelfer, die den Rehabilitanden erst einmal das Einmaleins des fortschrittlichen Menschen eintrichtern. Doch zuallererst ist eine Kontrolle des Bücherregals vonnöten:

Rousseau!? »Alles, was aus den Händen des Schöpfers kommt, ist gut; alles entartet unter den Händen des Menschen.« Weg mit dem »Emile«!

Und hier – Eduard Spranger: »Der geborene Erzieher«. Wie bitte? Lehrer-Sein gehört zu den nicht erlernbaren Berufen?

Aber da ist er ja, W. Zifreund! »Lehrer kann man immer nur werden, niemals schon sein ...«. Recht hat er!

Was gibt es denn noch? Sieh einmal an – Wilhelm Reich! Das totale Erziehungskonzept!

Aber das darf doch nicht wahr sein! Alice Miller!? Die will doch die ganze Erziehung am liebsten abschaffen! Da schreibt sie doch tatsächlich, daß der gemeinsame Nenner aller Erziehungsbemühungen in der »Verachtung und Verfolgung des schwachen Kindes« bestünde.

Und was ist das hier? Der absolute Knüller! Das Gutachten des Deutschen Bildungsrats von 1968! Welch selige Zeiten des absoluten Durchbruchs: »Es ist wissenschaftlich entschieden – Begabung ist kein Schicksal; wir können Menschen begaben, es liegt in unserer Hand, in der Hand der Lehrer, der Bildungspolitiker, der Gesellschaft, wieviel Begabte es gibt.«[9]

Warum, mag sich da ein Larsen fragen, warum werden eigentlich die Eltern überhaupt nicht erwähnt? Ganz einfach – weil sie unsichere Kantonisten sind und deshalb der totalen Pädagogisierung im Wege stehen. Auf Seite 187 stellt das Gutachten unmißverständlich fest, was Eltern so alles im Umgang mit ihren Kindern anrichten: »Die Lernprozesse in den ungeleiteten Lebenssituationen sind so bruchstückhaft und unsystematisch angelegt und erzeugen ihre Effekte auf so undurchsichtige Weise ...«.

Zwielichtige Gestalten sind da ganz offensichtlich am Werke und deshalb müssen wohl die Wände des Privaten, vor allem die des Kinderzimmers, geschliffen werden.

Und weniger sture Eltern sehen gewiß ein, daß sie sich auf ein natürliches Talent im Umgang mit Kindern nicht berufen dürfen, sondern daß eine systematische Anleitung unverzichtbar ist.

So schließt sich der Kreis auf wundersame Weise, denn die Instruktion wird zum Gnadenmittel, dessen jeder teilhaftig werden kann, der bei schlechtem Gewissen halbwegs guten Willens ist. Die werdende Mutter legt Vivaldi auf, weil der den Foetus ungemein beruhigt und verkneift sich, da der Gatte zum Durchhalten mahnt, den Wunsch nach einem fetzigen Rock mit Punky-Anstrich. Doch damit fängt der Stress ja erst an: unzählige Verhaltens- und Ernährungsregeln wollen beachtet werden, diverse Unterrichtseinheiten zum Geburtsvorgang

Als Eltern sind Sie für die Erziehung Ihrer Kinder natürlich denkbar un-geeignet!

sind zu absolvieren, in einem Spezial-Kurs wird rechtzeitig geübt, wie man einen Säugling im Arm hält und stillt. Woher soll eine Frau das alles auch wissen und können, wenn es ihr nicht beigebracht wird. Mutter kann man immer nur werden, niemals schon sein ... Wer will da schon widersprechen.

Das Ganze nennt sich jedenfalls »lebenslanges Lernen«, und nur Uneinsichtige sehen in dieser Veranstaltung den Versuch, Eltern zu infantilisieren. Schließlich und endlich muß man doch auch den arbeitsmarktpolitischen Nutzen einer solchen Inszenierung begreifen: noch niemals gab es so viele Aus-, Um-, Fort- und Weiterbildner, die von der Aus-, Um-, Fort- und Weiterbildung leben. Sie alle sind bemüht, ihren Anteil am Stellenplan zu sichern bzw. auszubauen und deshalb muß unentwegt aus-, um-, fort- und weitergebildet werden.

Reden wir nicht von den Flirt-Kursen, die unter dem Arbeitstitel »Wie kralle ich mir eine Frau/einen Mann« laufen – reden wir statt dessen von den immer schwachsinnigeren Dienstleistungsberufen, die erfunden werden. Da gibt es zum Beispiel die Freizeitpädagogen, die auf einem Kongreß der Deutschen Gesellschaft für Erziehungswissenschaften in Kiel gar Furore machten. Arbeitslosigkeit, frohlockten sie, habe doch auch ihr Gutes: nun könne der Mensch endlich zu sich selbst kommen und die Muße wieder entdecken. Daß er bei diesem Unterfangen auf die Hilfe von Experten angewiesen bleibt, ist ein Selbstgänger. Mehr noch: die Freizeitpädagogen erwogen mit zynischem Weitblick, die Jugend »auf ein Leben in Arbeitslosigkeit vorzubereiten«. Auf diesen ersten Schritt müßte dann konsequenterweise ein zweiter folgen, das heißt, eines Tages hätten wir neben den Arbeitslosen mit Diplom auch noch Diplom-Arbeitslose.

Nun ist der Ton einstweilen aber doch böse geworden

und deshalb zurück zu den beiden Geschichten vom Anfang – zurück zu Kirsten, die geopfert werden mußte, damit ein Erziehungskonzept leben kann – und zurück zum Schulexperten, ohne dessen fachmännische Beratung die meisten Eltern verloren wären. Natürlich wurde in Kirstens Fall der Leiter des Kinder- und Jugendnotdienstes gefragt, ob denn *überhaupt* eingeschritten würde, wenn Halbwüchsige nächtelang fortblieben. Aber freilich, lautete die Antwort – wenn der Verdacht bestehe, daß sich ein Kind etwas antun könnte oder eine Straftat plane. Dieses Risiko jedoch, davon sei er überzeugt, hätten die beiden verantwortlichen Sozialarbeiterinnen bei Kirsten ausgeschlossen und deshalb ihre Sorgfaltspflicht nicht verletzt.

Die Lektion, die der Experte hier erteilt, nimmt jedem Kritiker den Wind aus den Segeln: Fachleute wissen, wann jemand eine Straftat plant bzw. ob er sich umzubringen gedenkt.

Und was ist, wenn sich Kirsten an die wissenschaftliche Diagnose nicht hält und tatsächlich Suizid macht? Auch das wäre kein Grund zur Bescheidenheit, denn Kirsten hätte in diesem Falle selber schuld: schließlich zählt sie »zu den wenigen Ausnahmen, die auf unsere pädagogischen Maßnahmen nicht eingehen.«

Ausnahmen? Das Wort ist listig gewählt, aber auch entlarvend. Doch letzteres merkt der Erziehungswissenschaftler freilich gar nicht, denn sein Fach handelt ja von der *Kindheit* und der *Jugend* – nicht von Kindern und Jugendlichen. Und *die* haben doch andere bei sich zu Hause. Nun – die 15jährige Kirsten ist weiter verschwunden, und der Jugendnotdienst macht im alten Stile weiter.

Der Schulexperte auch. Seine fachmännische Beratung hat für ihn den ungemeinen Vorteil, daß er nie in die Verlegenheit kommt, aus seinen Fehlern überhaupt lernen zu dürfen. In 70 Prozent der Fälle, so die Angaben in eigener Sache, kann den Ratsuchenden bereits am Telefon geholfen werden. Woher der Mann die Erkenntnis herleitet, daß er im Gespräch mit Unbekannten über Unbekannte in einer ihm unbekannten Situation Probleme aus der Welt geschafft hat, bleibt sein Geheimnis. Erziehungsfragen lassen sich nicht allgemein beantworten und wer es dennoch tut, läuft Gefahr, mehr zu geben, als er hat. Der polnische Kinderarzt Janusz Korczak[10] ist da nicht nur bescheiden, sondern weist sich als wirklicher Pädagoge aus: »Ich weiß nicht, und ich kann nicht wissen, wie mir unbekannte Eltern unter unbekannten Bedingungen ein mir unbekanntes Kind erziehen können.« Wer den heranwachsenden Menschen als einmaliges und einzigartiges Individuum ernst nimmt, kann hier ohne Mühe zustimmen. Gleichzeitig müßte er sich die Frage stellen, wie oft unser Experte seinen Anrufern einen schlechten Rat erteilt haben mag, da er sich ja wohl nicht durchgängig auf die risikolose Formel hat zurückziehen können, daß die Eltern mit der Tochter oder dem Sohn »in aller Ruhe sprechen« sollten.

»Rat«, so jedenfalls steht es im Duden, ist die »Empfehlung, Aufforderung oder Ermutigung an jemanden, sich in einer bestimmten Weise zu verhalten, etwas Bestimmtes zu tun oder zu unterlassen.«

Das ist gewiß sachlich zu akzeptieren, vernachlässigt aber die Beziehung zwischen Ratsuchendem und Ratgeber. Fontane weist auf ihre Bedeutung hin mit seiner Bemerkung, daß derjenige, der »rät«, meist auch »hineingerät«. Ratschläge sind deshalb nicht immer wie Geschenke – um ein Bonmot von Emile Henriot zu gebrauchen –, die vor allem den erfreuen, der sie gibt. Ein schlechter Rat bringt jedoch nur den in Nöte, der sich verantwortlich fühlt oder zur Verantwortung gezogen werden kann. Zumindest letzteres wird dem Fachmann am Telefon wohl niemals widerfahren. Er mag drauflos raten, ohne jemals in die Schwierigkeiten der Ratsuchenden verstrickt zu werden. Wer ihm gutgläubig folgt und damit in die Irre geht, darf feststellen: Er ist weg! Und genau diese »Wohltäter« muß Jacques Thoreaux wohl gemeint haben: »Wenn jemand in der erklärten Absicht in dein Haus kommt, dir Gutes zu tun, so renne, was du kannst.« Sigmund Freud ging sogar so weit, einem jungen Mann, der den unerschütterlichen Entschluß gefaßt hatte, anderen zu helfen, mit der Mutmaßung zu begegnen, daß er ja wohl ein Sadist sein müsse.

Was damals eher die Ausnahme war, fällt heute schon kaum noch auf, denn niemals hat es so viele Menschen gegeben, die das Ratgeben zu ihrer Profession gewählt haben. Da man ihnen wohl kaum mit Freud unterstellen darf, daß sie darauf erpicht seien, sich am üblen Schicksal ihrer Mitmenschen zu weiden, könnte man ja auch auf die Erklärung verfallen, daß sich eben die Nächstenliebe rasant ausgebreitet habe. Diese Sicht verträgt sich allerdings überhaupt nicht mit der Auffassung von Wolfgang Schmidtbauer[11], der die »Ware Nächstenliebe« ganz entschieden nicht für die »wahre Nächstenliebe« hält.

Vielleicht ist der enorme Drang in die (be)ratenden Berufe aber auch darauf zurückzuführen, daß die allgemeine Ratlosigkeit epidemische Ausmaße angenommen hat und deshalb immer mehr Menschen Trost darin finden, auf andere zu treffen, die noch ratloser als sie selbst sind.

Warum, fragt man sich hier ein wenig ratlos, warum gibt es eigentlich noch keine Ratschläge zum Umgang mit Ratschlägen? Schön wäre da doch so eine Art Kriterienkatalog, mit dem man prüfen könnte, ob der erhaltene Rat sich letztlich nicht als Verrat an der Wirklichkeit entpuppt. Da müßte dann vor allem auch drinstehen, daß guter Rat meist teuer ist und daß man sich vor dem von der Stange hüten sollte. Konfektionsware paßt bekanntlich nur zufällig auf Anhieb gut – es sei denn, der Verkäufer hilft durch schmeichelhaft-professionelle Worte nach. Dann allerdings merkt man in der Regel erst zu Hause, wie sehr man sich bekauft hat.

Aber diesen Ratgeber zum Umgang mit Ratschlägen gibt es nicht, und das ist wahrscheinlich auch gut so. Wer sollte ihn denn erstellen?

Das Unbehagen jedoch bleibt. Einer, der wohl zu jener Bevölkerungsgruppe gehört, die sich gewiß nicht über einen Mangel an Ratschlägen zu beklagen hat, bringt es stellvertretend für seine Leidensgenossen zum Ausdruck. Im Graffito heißt es lakonisch: »Ratschläge sind auch Schläge!«

Die Jungen haben zweifellos ein Gespür dafür, wie sehr das Selbstwertgefühl eines Menschen durch ständige Verhaltensempfehlungen traktiert werden kann. Dabei ist das Verhältnis zwischen dem, der rät, und dem, der unbedingt beraten werden soll, nicht ohne Tücke – der abgelehnte Rat kann durchaus jene Folgen haben, die von der verschmähten Liebe bekannt sind. In diesem Sinne ist wohl auch Albert Camus zu verstehen: »Wenn man in der Welt gefallen möchte, muß man bereit sein, sich sehr viele Dinge, die man weiß, von Leuten, die nichts davon verstehen, erklären zu lassen.«[12]

Genauso geht es dem Gärtner Larsen. Selten wird er beachtet, niemals gelobt – aber wehe, wenn ihm etwas nicht ganz gelingt. Dann stellt seine Herrschaft mit Erleichterung fest: »Dieses Jahr wurde es nichts, guter Larsen.« Und das klingt wie »...sollten sie bedenken, daß sie ohne fachmännische Beratung ihren Problemen nicht beikommen können.«

Freilich – der Larsen kann die Herrschaft nicht hinauswerfen, auch wenn sie ihn noch so sehr kränkt und ihm seine Erfolge übelnimmt. Aber Eltern können sich im Ich-Sagen üben, auch wenn sie keine glatten Theorien über den Umgang mit Kindern haben. Sie müßten nur darauf verzichten, dem Auf und Ab der pädagogischen Moden zu folgen, deren Erfinder ja doch längst schon woanders sind, wenn man glaubt, sie eingeholt zu haben. Da arbeiten sie nämlich bereits an neuen erzieherischen Entwürfen, die alles über den Haufen werfen, was gerade noch lautstark von ihnen oder den Kollegen verkündet wurde.

Daß das, was gestern galt, heute überholt sein kann, wird niemand bestreiten – und daß König Wissenschaft dazu neigt, sich häufig neue Kleider anzulegen, auch nicht.

Die Wissenschaft hat festgestellt…

> *»Woran arbeiten Sie?« wurde Herr K. gefragt. Herr K. antwortete: »Ich habe viel Mühe, ich bereite meinen nächsten Irrtum vor.«*
>
> *Bertolt Brecht*

Der Schriftsteller Wolfgang Koeppen schreibt, daß er die Märchen der Gebrüder Grimm denen der Erwachsenen unserer Zeit vorziehe, und er wundert sich darüber, daß alle den Märchen der Börsenkurse, des Wachstums, der Weltwirtschaft, der Revolution usw. »wider alle Erfahrung« glauben würden.

Dem wäre allerdings entgegenzuhalten, daß die Geschichten mancher Erwachsener – vor allem derjenigen, die besonders ernst genommen werden wollen – sich nicht nur einer märchenhaften Karriere erfreuen, sondern obendrein auch recht unterhaltsam sind.

So gut, wie jedes Kind weiß, wer im Pfefferkuchenhaus die Hexe in den Ofen schubste, weiß jeder Erwachsene, was die Riesenheuschrecke mantis religiosa nach der Begattung tut: sie beißt ihrem Sexualpartner den Kopf ab. Seit 1886 will es die Wissenschaft so, und seitdem wird die Theorie von der männermordenden Gottesanbeterin weitergegeben.

Als der Entdecker dieses »sexuellen Kanibalismus« kurze Zeit später seine Beobachtungen selbst wieder in Frage stellte, war es bereits zu spät, denn die Geschichte hatte sich längst verselbständigt und Eingang in zahlreiche Lehrbücher gefunden. Und daran wird auch ein kürzlich in der »Naturwissenschaftlichen Rundschau« erschienener Beitrag von Eckehard Liske und Jackson

Davis nichts ändern können. Die Mär ist einfach zu gut, als daß man sie sich durch ein Dementi wieder wegnehmen ließe. Nun ist es wohl den meisten Frauen und Männern ziemlich egal, ob ein weibliches Insekt den Partner im Nachspiel enthauptet oder nicht – anders mag es sich aber mit jenen Berichten verhalten, die die Völkerkundlerin Margret Mead einst über die Samoaner verbreitete. Immerhin machte die Expertin so manchen auf jenes Inselvölkchen im Stillen Ozean neidisch, denn nach ihrer Auskunft lebte dieses im ununterbrochenen Zustand der absoluten Glückseligkeit.

Es gab sie also, die »Insel Nirgendwo«, auf der die Menschen von Natur aus durchweg zu einem friedfertigen und repressionsfreien Miteinander fähig sind. Welch köstliche Nahrung für eine konkrete Utopie, nach der die eigene Gesellschaft dringend zu gestalten wäre. Begeistert wurde propagiert, daß bei den Bewohnern dieser fernen Eilande die Väter die Mütter seien und Knaben sich zielstrebig über das Puppenspiel auf ihre zukünftigen Aufgaben vorbereiteten, während die Mädchen an solchem Tun überhaupt kein Interesse verspürten. Und perfekt wurde die Idylle im Kopf durch den Hinweis, daß sich dort niemand auch nur annähernd um eine Führerrolle reiße. Endlich hatte die vergleichende Völkerkunde den Beweis erbracht, daß wir unseren »genetischen Schatten« überspringen können, um das zu sein, was wir sein möchten.

Beweise sind eine schöne Sache – aber leider gibt es sie nur in der Mathematik. Und leider muß man jetzt über Margret Mead hören, daß sie das Paradies der Samoaner erträumt habe wie Karl May seinen Winnetou. Der amerikanische Wissenschaftler Derek Freeman jedenfalls hat nachrecherchiert und einen üblen Anschlag auf »Meads Samoa-Bild« verübt: bereits zu Zeiten der Forscherin, schreibt er, waren die samoanischen Zeitungen voll von Vergewaltigungen, und das Problem der Jugendkriminalität gab es auch. Margret Mead habe sich, so der Vorwurf, ihre heile Welt von Samoa selbst konstruiert. Aber einmal liebgewonnene Bilder sind sehr gut konserviert und lassen sich nicht so ohne weiteres zerstören.

Eben hier unterscheiden sich die angewandten Naturwissenschaften und vor allem die Technik erheblich von der Sozialforschung. Wer eine Brücke errichtet hat, die kurz nach ihrer Fertigstellung zusammenbricht, weiß (und nicht nur er allein), was von seinen Bauplänen im großen und ganzen zu halten ist: die unparteiische Wirklichkeit hat eine rücksichtslose Antwort gegeben. Der Sozialwissenschaftler ist da besser dran, denn er kann sich über die Realität hinwegsetzen, ohne daß diese *sofort* zurückschlägt. Er kann unbekümmert und ohne Sorge um die Konsequenzen seine Deutungen oder Irrtümer unter die Leute bringen und diese damit auf eine falsche Fährte setzen: der Absturz kommt lautlos und später. Aber er darf bzw. tut noch mehr, wenn man zum Beispiel an die berühmt-berüchtigten Experimente des Stanley Milgram denkt. Dessen »Erkenntnisse«, die er mittels einer listigen Versuchsanordnung gewann, waren so schaurig-schön, daß sie von vielen (Kollegen) schon beinahe mit stiller Genugtuung aufgenommen und begeistert kolportiert wurden. Wer nicht so recht mitmachen wollte oder sich bald anderen Fragen zuwandte, setzte sich Vorhaltungen und gar Verdächtigungen aus: »...einen Augenblick ist man – unterstützt durch die Medien – davon fasziniert, bis man von der nächsten Modesensation, etwa Exorzismus oder Parapsychologie, überschwemmt wird. Dem momentanen hektischen Interesse folgt schnelles Vergessen, aber eine eigentliche Verarbeitung des wirklich relevanten Erkenntnisgewinnes bleibt aus. Bei MILGRAMS Experimenten spielt offensichtlich besonders der allgemeine Wunsch eine Rolle, die von ihm aufgedeckten peinlichen Wahrheiten schnell wieder zu unterdrücken.«[13] Wenn ein Professor, wie hier Horst E. Richter, von Wahrheiten spricht, die die Sozialforschung zutage gefördert habe, muß man wohl aufhorchen.

Zunächst aber zu Milgrams Untersuchung und der Peinlichkeit, die er uns nicht ersparen konnte. Der amerikanische Psychologe lud per Inserat Versuchspersonen zu einem von ihm vorgetäuschten Experiment ein. Er erzählte den Interessenten, die sich gemeldet hatten, daß man vorhabe, den Einfluß von Strafe auf den Lernfortschritt zu untersuchen. Eine Versuchsperson – sie war in Wirklichkeit ein Komplize des Versuchsleiters – mußte sich hierfür in einem Nebenraum auf einem »elektrischen Stuhl« festbinden lassen. Das, so wurde jeweils der echten Versuchsperson mitgeteilt, sei der »Schüler«, dessen Lernleistung über Elektroschocks gefördert werden solle. Nachdem ein Handgelenk des »Schülers« mit Elektrodensalbe eingerieben (wie es hieß, um Blasen und Verbrennungen zu vermeiden) und die Elektrode angebracht war, durfte der ahnungslose Gast seine Rolle als »Lehrer« übernehmen und es sich nebenan vor der Schalttafel eines Schockgenerators bequem machen.

Hier sah sich der »Lehrer« mit dreißig Schaltern konfrontiert, deren Voltangaben von 15 bis 450 Volt reichten. Und damit die strafende Instanz sich ein besseres Bild von ihren möglichen Sanktionen für mangelnde Leistung machen konnte, gab es noch zusätzliche Hinweise: »geringer Schock«, »mäßiger Schock«, »mittlerer Schock«, »schwerer Schock«, »Gefahr«.

Dann ging es los: Der Schauspieler-Schüler bekam von seinem »Lehrer« die vorgegebenen Fragen gestellt und machte prompt – wie vorher verabredet – reichlich Fehler. Der Leiter des Experiments (eine von Milgram ebenfalls eingewiesene Person) forderte nun den Probanden in der Lehrerrolle auf, bei jeder falschen Antwort einen Schock zu verabreichen und von Fehler zu Fehler die Intensität zu erhöhen.

Um zu verhindern, daß der Gast am Generator das Vertrauen in die Funktionsfähigkeit seiner Maschine verlor, wurde sein Tun ab 135 Volt vom »Schüler« mit Stöhnen, bei 270 Volt mit schmerzlichem Gebrüll beantwortet.

Kurzum – Milgram berichtet, daß 62,5 Prozent der Versuchspersonen am Schockgenerator ihre vermeintlichen Schüler bis zum Letzten peinigten, weil es das Arrangement des Experiments und sein Leiter so forderten.

In welch gräßliche Abgründe muß man hier blicken? Einer wäre wohl die Tatsache, daß die Sozialforschung ohne Hinterlist und Täuschung nicht auszukommen scheint. Wir nehmen das zur Kenntnis und schauen in einen anderen, der weit mehr Schwindel hervorruft: das Terrain der Sozialforscher wird von vielen wie ein Steinbruch betrachtet, aus dem man sich das herausholen kann, was einem gerade gut zupaß kommt.

Der Verhaltensforscher I. Eibl-Eibesfeldt sieht z. B. durch die Milgramschen Experimente seine These vom »vorprogrammierten Menschen« gestützt: »Wer von vornherein die Möglichkeit einer angeborenen Disposition ausschließt, nur weil es ihm nicht in den weltanschaulichen Kram paßt, handelt leichtsinnig.«[14] Der bereits erwähnte H. E. Richter siedelt die Ursachen für den katastrophalen Zusammenbruch unserer »Widerstandskraft gegenüber Autoritäten« dagegen lieber bei der Gesellschaft an und will von möglichen Erblasten nichts wissen.

Der schaurigste Abgrund tut sich jedoch auf, wenn

man erlebt, wie Richter Milgrams Befunde über jeden Zweifel zu heben versucht: »... denen man wirklich eine revolutionäre Bedeutung zuerkennen muß. Milgram hat deutlich gemacht (...) unerhört wichtigen Befunden (...) die von ihm aufgedeckten peinlichen Wahrheiten (...) ebenso überraschend wie bestürzend (...) erschrekkende Ergebnisse (...) sensationelle Befunde (...) tatsächlich (...) bekanntlich (...) tatsächlich (...) die nüchterne Exaktheit seiner Resultate macht uns klar ...«.

Einen Zweifel darf es hier tatsächlich und bekanntlich und auch ganz nüchtern betrachtet nicht mehr geben: wer sich so an den Resultaten eines sozialwissenschaftlichen Experiments erbaut, wäre gewiß eine Versuchsperson ganz nach dem Geschmack von Stanley Milgram.

Aber es soll hier im zynischen Zorn nicht unnütz mit Unterstellungen hantiert werden. Einige Fragen drängen sich aber zu Milgrams Experiment doch auf, die merkwürdigerweise von den Adepten nie gestellt werden: Kann es wirklich angehen, daß die Versuchspersonen so naiv waren und von den listigen Umtrieben ihres Versuchsleiters nichts bemerkten? Oder anders: Haben sie im Physikunterricht nur so wenig mitbekommen, daß sie keine Ahnung hatten, was ein Stromschlag von 450 Volt bedeutet? Oder noch anders: Haben die Leute allen Ernstes angenommen, daß sie vor einer Maschine saßen, mit der sie durch einen falschen Handgriff möglicherweise einen Menschen hätten umbringen können?

H. E. Richter, zweifellos eine Autorität unter den Psychiatern und Psychoanalytikern, will von Einwänden und Bedenken überhaupt nichts wissen: »Nicht wenige Rezensenten lenkten die Aufmerksamkeit von seinen Resultaten ab und attackierten statt dessen seinen Versuchsplan.«

Wir sollen also glauben – und das ist dann doch reichlich stark von einem, der ganz gewiß weiß, daß die Vorläufigkeit zu den wesentlichen Merkmalen gerade der Wissenschaft vom Menschen gehört. Ganz besonders gilt dies für empirische Untersuchungen, die in der Regel als »Feldforschung« oder als »Experiment« angelegt sind.

Da glaubt z. B. ein Psychologie-Professor jetzt auch wissenschaftlich nachgewiesen zu haben, daß der Hund den Menschen glücklicher macht. Ja, liebe Leser, der Hund. Dieser ehrgeizige Vorreiter der Aufklärung verglich das Lebensgefühl von Hundehaltern mit dem jener Zeitgenossen, die solch ein Haustier (noch) nicht besitzen. Wie mag er bei seinen Forschungen vorgegangen sein?

Vielleicht hat er die seelische Befindlichkeit von 1000 Frauchen und Herrchen mit der von 1000 Gefängnisinsassen verglichen – doch das wollen wir dem Gelehrten lieber nicht unterstellen. Gewiß hat er sich bemüht, seine Untersuchungsgruppen so anzulegen, daß diese sich ausschließlich in einem Merkmal unterschieden, nämlich ob sie einen Hund besaßen oder nicht. Doch trotz aller Finesse, durch die sich bisweilen Sozialforscher auszeichnen, kann es nur bei dem Bemühen geblieben sein, da es aus Prinzip bei einer *Feldstudie* nicht möglich ist, alle Einflußfaktoren in den Griff zu bekommen.

Vielleicht, das darf zumindest angedacht werden, vielleicht waren die Hundehalter bereits vor dem Besitz ihres bellenden Haustieres zufriedenere Menschen – zum Beispiel, weil sie sich in der glücklichen Lage befanden, für einen Hund genügend Geld und Muße zu haben.

Und was ist mit den Katzenfreunden? Durften sie in der Vergleichsgruppe, die sich als weniger glücklich herausgestellt hat, nicht mitmachen? Und wo blieben die Leute, die im Glücksgefühl der Ferienzeit ihren einst treuen Begleiter aus Versehen an der Autobahnraststätte »vergessen«?

Fragen über Fragen – und dabei weiß man noch gar nicht, wie der Forscher es fertiggebracht hat, so etwas wie »Glücklichsein« zu messen.

Wäre er bescheidener, nicht so sehr auf seinen Vergleich und auf eine Verallgemeinerung erpicht gewesen – man hätte ihm gewiß geglaubt: ganz bestimmt wurde Robinson Crusoe dadurch glücklicher, daß mit ihm auch noch ein Hund den Schiffbruch überlebt hatte.

So ist es aber wohl doch besser, derartigen Feldstudien zu mißtrauen und sie bestenfalls als gedankliche Anregung zu nehmen. Und deshalb gibt es auch keinen Grund, einen scheelen Blick auf den Sittich zu werfen, nur weil dessen Beitrag zur Glückseligkeit bisher noch nicht erforscht wurde.

Man werfe statt dessen lieber einen Blick auf das, was die Experten gemeinhin als sozialwissenschaftliches *Experiment* vorstellen. Empirische Untersuchungen dieser Art haben im Vergleich zur Feldforschung den ungemeinen Vorteil, daß sie in einer künstlichen Situation vonstatten gehen, in der fast alle nur denkbaren Einflüsse auf das Untersuchungsergebnis kontrolliert werden können.

Dieses Verfahren – nämlich unter »voller Beleuchtung« zu forschen – erinnert allerdings an jene Geschichte von einem Betrunkenen, der nachts auf allen vieren um eine Straßenlaterne herumkriecht und zweifellos etwas sucht. Ein hilfsbereiter Passant erfährt, daß dem Mann der Hausschlüssel abhanden gekommen ist – allerdings, das stellt sich bei genauerem Befragen heraus, auf der Höhe des nächsten Hauses. Auf die Frage, warum er dann hier suche, erklärt der Betrunkene: Ganz einfach – hier ist die Beleuchtung besser.

Das Laborexperiment besticht häufig durch seine methodische Reinheit, jedoch ist diese nur um den Preis zu haben, daß das wirkliche Leben draußen bleiben muß.

Unsere Feldstudie, die sich über einen Zeitraum von 5 Jahren erstreckt, hat zu folgenden Ergebnissen geführt:
Prof
Prof
Prof
Prof
Erstens: Frauen, und da insbesondere Mütter...
Prof
Prof
Prof
Prof
Zwotens: Leisten nicht zu unterschätzende Be- und Erziehungsarbeit...
Prof
Prof
Prof
Prof
Drittens: Die durch nichts und niemand, insbesondere nicht durch Männer, zu ersetzen ist
Prof
Prof
Prof
Prof
M. M.

Gesucht wird, wo man besonders gut sehen kann, wo man allerdings kaum damit rechnen darf, den Schlüssel zur Lösung wirklicher Probleme zu finden.

Kurz – empirische Untersuchungen führen zu Aussagen, die mit einer mehr oder weniger hohen Irrtumswahrscheinlichkeit behaftet sind. Beweisen können sie gar nichts.

Da hilft auch der oft so beeindruckend hohe mathematisch-statistische Aufwand nicht weiter, der mit empirischen Daten gern betrieben wird. Hier gilt eine Feststellung des Computer-Fachmannes, die längst zum Gemeinplatz geworden ist: Rubbish in – rubbish out!

Doch das kann die Empiriker am Reißbrett nicht davon abhalten, uns in regelmäßigen Abständen einen neuen »Je-desto«- oder »Wenn-dann«-Satz zu präsentieren. Den Mut zu derartigen Aussagen beziehen sie dabei mit Vorliebe aus nachgewiesenen statistischen Zusammenhängen bzw. Korrelationen. Wie schnell es bei dieser Vorgehensweise komisch werden kann, mag das folgende Beispiel belegen: *Je deutlicher die Zahl der Störche in Schleswig-Holstein sinkt, desto stärker vermindert sich dort auch die Geburtenrate.* Rein methodisch gesehen ist bereits über Jahrzehnte in dieser Region der Klapperstorch für den Nachwuchs zuständig. Genausogut könnte man als Fernost-Tourist die Hypothese aufstellen, daß die Nahrungsaufnahme per Stäbchen zur Schlitzäugigkeit führe. Die Statistik würde einem mit Sicherheit recht geben.

Natürlich durchschaut man derartige Nonsense-Korrelationen sofort, nur sind leider die Verhältnisse auf dem Gebiet der Humanwissenschaften selten so durchsichtig, weil die Forscher (fast) nie einen Blick hinter die Kulissen zulassen. Sie verkünden – und der Laie (im doppelten Sinne des Wortes) darf sich über das freuen oder grämen, was öffentlich zelebriert wird und meist recht beeindruckend mit dem Satz losgeht: *Die Wissen-*

schaft hat festgestellt ... (Übrigens: Wer die wissenschaftlichen Begründungen zur Einführung der Mengenlehre noch besitzt, sollte sie unbedingt aufheben und später einmal seinen Enkeln vorlesen).

Vergnüglicher jedoch ist in diesem Zusammenhang das, was uns Daniel Defoes Robinson Crusoe über ein Gespräch mit seinem Gefährten Freitag mitteilt. Robinson hatte diesen in »der Erkenntnis des wahren Gottes« unterwiesen und ihm, mit dem Finger gen Himmel weisend, klargemacht, daß der Schöpfer dort oben wohne: »Eines Tages sagte er (Freitag) zu mir, daß unser Gott, der uns noch hinter der Sonne hören konnte, viel größer sein mußte als ihr Benamucki, der nur ein Stück weiter lebe und nichts hören könne, wenn man nicht auf die drei großen Berge klettere, wo er wohne, um mit ihm zu sprechen. Ich fragte ihn, ob er jemals dahin gegangen sei, um mit ihm zu sprechen; nein, sagte er, junge Männer gingen niemals zu ihm, keiner ginge hin außer den alten Männern, die er Oowokaki nannte, ihre Geistlichen oder Priester, wie er mir's erklärte, und sie gingen hin um Oh! zu sagen (so nannte er ihr Beten), und dann kämen sie wieder zurück und berichteten, was Benamucki gesagt hatte.«

Und Robinson fährt fort: »Ich bemühte mich, meinem Mann Freitag diesen Betrug vor Augen zu führen, und sagte ihm, die Vorspiegelung der alten Männer, in die Berge zu gehen und ihrem Gott Benamucki Oh! zu sagen, wäre der reine Schwindel, und seine Worte, die sie von dort mitbrächten, erst recht; ...«.

So weit würden wir hier in der Kritik an den Methoden der empirischen Sozialforschung niemals gehen wollen. Andererseits ist es schon verführerisch, den Oowokaki unserer Zeit einmal nachzuschleichen und ihren angeblichen Gesprächen mit Benamucki zu lauschen.

Kindheit – wie sie im Buche steht

Es bleibt von Ideologie verrammelt / dein Hirn, wenn deine Theorie vergammelt.
Hans Paul Barth

»Imke!! Komm sofort her!!«

Aber Imke kommt nicht, sondern rennt über die Straße und um Haaresbreite vor ein Auto. Die Passanten, die die Szene zufällig beobachtet haben, atmen auf, während die Mutter ihrer Tochter wegen Ungehorsams einen tüchtigen Klaps auf den Po verabreicht.

Aber nun beginnt der zweite Akt des Dramas, der von den Zeugen dieses Vorfalls inszeniert wird: »Unmöglich! Schläge helfen da überhaupt nicht! Wie kann man nur...!«

In den Augen der Öffentlichkeit hat Imkes Mutter gleich zweimal innerhalb weniger Minuten versagt und bekommt deshalb ihr Fett weg. Solch ein eklatantes erzieherisches Fehlverhalten kann man schließlich nicht kommentarlos hinnehmen, wo doch Pädagogik und Psychologie längst zur »Jedermann-Wissenschaft« geworden sind und damit jedermann befähigen, mit polizeihaftem Blick Mißstände auszumachen.

Der Klaps auf den Po ist solch ein Mißstand und gleichzeitig ein Zeichen kompletter Ignoranz. Da hat jemand ein Kind in die Welt gesetzt, ohne sich vorher pädagogisch auf die Höhe seiner Zeit zu bringen.

Was hat Imkes Mutter versäumt? Vermutlich so ziemlich alles. Das geht los mit einer klaren Definition dessen, was Erziehung überhaupt ist – nämlich ein »differenziertes, korrigierendes Kommunikationsverhalten«. An diesem Anspruch muß sich Imkes Mutter messen lassen und da ist ihr Befehl »Imke! Komm sofort her!« bereits pädagogisch fragwürdig – eben nicht differenziert genug. Denn, soviel Zeit muß sein, einem Kind ist sein Fehlverhalten in ruhigen und verständnisvollen Worten zu erläutern. Wer verantwortungsbewußt die Entwicklung der modernen Erziehungswissenschaft verfolgt hat, kann einfach nicht mit ansehen, wie deren Prinzipien unter die Räder geraten.

Die Sorgen der Mutter sind allerdings weniger theoretischer, sondern eher praktischer Natur und laufen auf die Frage hinaus, wie sie es erreichen könnte, daß Imke das nächste Mal in einer vergleichbaren Situation von ihren ›Kommunikationsangeboten‹ wirklich auch Gebrauch macht. Und bezüglich der Antwort ist ihr gewiß nicht zu verübeln, daß sie mehr an die Tochter als an jene Theorien denkt, die gerade hoch im Kurs stehen.

Aber müssen Schläge wirklich sein? Verhalten, sagen die Lerntheoretiker, werde durch seine Konsequenzen gesteuert und deshalb könne man durch gezielt eingesetzte »negative Verstärker« die »Auftretenswahrscheinlichkeit« eines bestimmten Verhaltensmusters gegen Null senken. Andere wiederum stellen die Würde und Selbstbestimmung des Kindes ganz oben an und halten jegliche Form der »Repression« für verwerflich bzw. seelisch deformierend.

Die Professoren reden viel und durcheinander – Imkes Mutter aber muß etwas tun. Sie hat keine Zeit abzuwarten, ob und wie man sich einigen wird, denn bis dahin, vermutet sie, ist Imke erwachsen. Diese Vermutung wird vor allem dadurch genährt, daß sich die Experten unter anderem noch immer bei der Frage aufhalten, was denn Kindheit überhaupt sei: die einen hantieren da mit der Vorstellung vom »kleinen Erwachsenen« –

die anderen stehen in der Tradition Rousseaus und halten an der Eigenart des Kindes fest.

Besonders der Göttinger Pädagoge Hermann Gieseke macht sich in jüngster Zeit für die »kleinen Erwachsenen« stark und ist davon überzeugt, daß wir »von dieser Idee – Kindlichkeit des Kindes – Abschied nehmen müssen (...) und daß wir gut daran tun, Kinder wie kleine, aber ständig größer werdende Erwachsene zu behandeln«.[15] In seinem Buch »Das Ende der Erziehung« rät er an anderer Stelle weiter, »Kinder so zu behandeln, wie man als Erwachsener gerne selbst sinngemäß behandelt werden möchte«.

Das hört sich zwar recht gut an, nur ist es andererseits gar nicht so lange her, daß die Kindheit überhaupt erst »entdeckt« und dafür plädiert wurde, Kindern für die Zeit der Entwicklung einen Schonraum zu sichern.[16] Wer trotzdem entschlossen ist, es mit dem »kleinen Erwachsenen« zu versuchen, weil er sich damit auf der Höhe der emanzipatorischen Zeit wähnt, müßte tunlichst um den amerikanischen Anthropologen Ashley Montagu einen großen Bogen machen. Der nämlich sieht im Erwachsenwerden den totalen Verlust menschlicher Möglichkeiten und gibt die Devise »Zum Kind reifen« aus. Nach Montagu gilt es – auch und gerade wenn man bereits in die Jahre gekommen ist – die verschütteten kindlich-jugendlichen Merkmale an sich selbst wiederzuentdecken und mit dieser Erkenntnis das verlorene Paradies der Kindheit zurückzugewinnen. Gesegnet also sind diejenigen, die sich die Eigenart des Kindes möglichst lange erhalten bzw. wieder »jung werden« – nach Oscar Wilde gehören sie bekanntlich zu den Lieblingen der Götter.

Nun soll hier keineswegs die Dreistigkeit begangen werden, Experten wie den Pädagogen Giesecke oder den Anthropologen Montagu zu kritisieren – andererseits bereitet der Streit um die Existenz der Kindheit vermutlich nur denjenigen ein besonderes akademisches Vergnügen, die keine Kinder bzw. sich von den ihrigen bereits verabschiedet haben. Wer bezüglich des eigenen Nachwuchses noch Pläne hegt, sollte nicht einmal in seinen frivolsten Träumen hoffen, daß er den Abschluß derartiger Grundsatzdebatten jemals erleben könnte.

Was aber tun diejenigen, die sowohl Kinder als auch die Thesen von Giesecke, Montagu und den anderen zu Hause haben? Nun – vielleicht helfen die Kleinen hier weiter, weil sie wieder einmal eine Geschichte hören möchten – am liebsten eine von dem Dänen aus Odense. Was lesen wir denn heute? Vielleicht einmal dies: »(...) Keines von des Kaiser's Kleidern hatte jemals soviel Anklang gefunden. ›Aber er hat ja gar nichts an!‹ sagte ein kleines Kind. ›Herr Gott, hört die Stimme des Unschuldigen!‹ sagte der Vater; und einer flüsterte es dem anderen zu, was das Kind gesagt hatte. ›Er hat nichts an, sagt da ein kleines Kind, er hat nichts an!‹

›Er hat ja nichts an!‹ rief zuletzt das ganze Volk. Und den Kaiser schauderte es, denn er fand, sie hätten recht, aber er dachte nun: ›Jetzt muß ich die Prozession durchhalten.‹ Und dann hielt er sich noch stolzer, und die Kammmerherren gingen hinterdrein und trugen die Schleppe, die gar nicht da war.«

Andersen, das darf wohl unterstellt werden, hätte sich gewiß auf die Seite von Montagu geschlagen – und vielleicht über seinen wissenschaftlichen Aufwand ein neues Märchen geschrieben.

Aber noch einmal zum Kaiser und seiner Überzeugung, daß er die »Prozession durchhalten« müsse. Bei Jean-Paul Sartre klingt das so: »Wenn jemand einmal eine Theorie akzeptiert hat, führt er erbitterte Nachhutgefechte gegen die Tatsachen.« Daß dabei eine Portion Komik vorprogrammiert ist, liegt auf der Hand.

Bernhard Grzimek besaß einmal einen Schimpansen, dem er beigebracht hatte, wie man eine Tür öffnet. Und zwar so: Man zieht einen Stuhl heran und springt von diesem an die Klinke. Durch das Gewicht des daran hängenden Äffchens bewegt sich diese nach unten und die Tür springt auf.

Ob Grzimek den Affen nun ärgern wollte oder nicht – eines Tages jedenfalls war die Tür abgeschlossen und das sonst so erfolgreiche Verfahren funktionierte nicht mehr. Was nun? Der Schimpanse machte kehrt und schleppte andere Stühle heran, um diese auszuprobieren: Eine neue Theorie war im Kopf des Affen geboren! Am Stuhl, davon war er geradezu besessen, am Stuhl hakte die ganze Sache und es galt eben, den richtigen zu finden.

Grzimek's Schimpanse, davon darf man wohl ausgehen, verlor beizeiten die Lust an seiner Theorie – ganz im Gegensatz zum Menschen, dem es meist unendlich schwerfällt, ein Gedankengebäude, in dem er es sich bereits recht bequem gemacht hat, wieder zu verlassen. Im Prinzip verfährt er dabei wie der Affe mit seinen Stühlen: um die einmal liebgewonnene wissenschaftliche Erklärung zu retten, werden ständig neue Argumente und angeblich abgesicherte empirische Befunde herangeschleppt. So kommt es denn auch, daß eine Theorie nie *durch* ihren Begründer, sondern frühestens *mit* ihm beerdigt wird.

Doch selbst das ist eher die Ausnahme und deshalb kann man eine Menge erleben, wenn man sich auf jene Kindheit einläßt, die im Buche steht. Geradezu klassisch ist, was »Bouvard und Pécuchet« in dem gleichnamigen Roman von Gustave Flaubert widerfährt: die beiden ehemaligen Schreiber beschließen eines Tages, sich über das bisher von der Menschheit angesammelte »Wissen« herzumachen und wechseln dabei die Themen wie Don Juan die Frauen. Irgendwann geraten sie an die Pädagogik und sind auch hier nicht zu bremsen: sie wollen ihre neuen »Erkenntnisse« sofort in die Tat umsetzen und adoptieren zu diesem Zweck die Kinder eines Verbrechers.

»Ein herrlicher Traum beschäftigte sie: wenn sie die Erziehung ihrer Schüler zu einem guten Ende führten, wollten sie später ein Institut gründen, dessen Zweck die Hebung der Intelligenz sein sollte, Bezwingung des Charakters und Veredelung des Herzens.« Und dann legten sie voller Euphorie los: »Um die Kinder in die Naturgeschichte einzuweihen, versuchten sie einige wissenschaftliche Spaziergänge.

Sie zeigten ihnen einen Esel, ein Pferd, einen Ochsen und sagten: das sind Tiere mit vier Füßen; sie werden Vierfüßler genannt. Im allgemeinen haben die Vögel Federn, die Reptile Schuppen, und die Schmetterlinge gehören zu den Insekten. Sie hatten ein Netz, um sie zu fangen. Pécuchet faßte das Tier vorsichtig, zeigte ihnen die vier Flügel, die sechs Beine, die beiden Fühler und den harten Rüssel, mit dem es den Nektar aus den Blumen saugt.

Am Grabenrand pflückte er Heilkräuter, sagte ihre Namen, und wenn er sie nicht wußte, erfand er welche, um sein Ansehen nicht zu verlieren. Übrigens ist die fachliche Benennung das Unwichtigste in der Botanik.

Folgenden Grundsatz schrieb er an die Tafel: Jede Pflanze hat Blätter, einen Kelch und eine Blumenkrone, die einen Fruchtknoten oder eine Fruchthülle enthält, in der sich der Samen befindet. Dann befahl er seinen Schülern, auf dem Feld zu botanisieren und zu pflücken, was sie fänden.

Viktor brachte ihm Butterblumen, Viktorine einen Büschel Erdbeeren, vergeblich suchte er bei beiden eine Fruchthülle. Bouvard, der seinem Wissen nicht recht

M. M.

traute, durchsuchte die ganze Bibliothek und fand in dem Redouté des Dames die Zeichnung einer Iris, bei der die Fruchtknoten nicht in der Blumenkrone, sondern unter den Blumenblättern, im Stengel lagen.

Im Garten standen Waldmeister und Maiglöckchen in Blüte; diese Rubiazeen hatten keinen Kelch; so war also der Grundsatz falsch, den er an die Tafel geschrieben hatte.

›Das ist nur eine Ausnahme‹, sagte Pécuchet überzeugt. Aber zufällig sahen sie im Gras eine Sherardia, und die hatte wieder einen Kelch.

›Wenn die Ausnahmen auch nicht stimmen, was soll man dann noch glauben?‹ «

Aber Bouvard und Pécuchet lassen sich nicht beirren und probieren alle pädagogischen Methoden ihrer Zeit durch. Am Ende steuern sie geradewegs auf ihre bitterste Niederlage zu: als Viktor und Viktorine eine Katze bei lebendigem Leibe kochen, müssen sie einsehen, daß sie bei der »Veredelung des Herzens« ihrer Zöglinge keine rechten Fortschritte erzielt haben. Flaubert schreibt:

»Man kann ihnen die Erziehung der Kinder nicht überlassen. Sie protestieren dagegen; aber da sie die Waisen nicht gesetzlich adoptiert haben, nimmt der Bürgermeister sie mit sich.

Die Kinder zeigen eine empörende Gefühllosigkeit. – Bouvard und Pécuchet weinen hierüber.

So ist ihnen alles unter den Händen zerbrochen.«

Es überrascht keineswegs, daß die beiden »Enzyklopädisten« in Konkurs gerieten. Bei ihrem intellektuellen Vagabundieren nahmen sie die Auskünfte der Wissenschaften wie Schecks entgegen, ohne ihnen freilich ansehen zu können, ob sie überhaupt gedeckt waren. Ihr Traum von der absoluten Erziehung endet aber vor allem deshalb im totalen Fiasko, weil sie sich gutgläubig auf Informationen aus zweiter Hand verlassen. Bei allen ihren Unternehmungen verabschieden sie sich dadurch nicht nur von der Wirklichkeit und vom Leben, sondern auch von sich selbst – und dementsprechend geht denn alles so schief wie der riesige und gänzlich ungenießbare Kohlkopf, den Pécuchet nach einschlägiger Lektüre in seinem Garten züchtet.

Bouvard und Pécuchet scheitern bei allem guten Willen am Widerspruch der Lehrmeinungen bzw. an einem Sachverhalt, den schon Goethes Faust beklagt:

»Was man nicht weiß, das eben brauchte man. Und was man weiß, kann man nicht brauchen.«

Was also kann die Wissenschaft vom Kind der Mutter oder dem Vater raten, wenn sie meinen, mit ihrem Nachwuchs nicht mehr zu Rande zu kommen? Gar nichts! Das ist starker Tobak, verabreicht von einem, der es eigentlich wissen muß: Heinrich Kupffer, Professor für Sozialpädagogik in Kiel, schreibt, daß die Erziehungswissenschaft nicht dadurch praktisch würde, »daß sie unter das schon erreichte Reflexionsniveau zurückfällt und wieder gute Ratschläge gibt (...)«.

Diejenigen, die vom Ratgeben leben, stört solch eine Feststellung freilich nicht. Sie machen unbekümmert weiter – zum Beispiel die Leute am »Zeugnis-Telefon«. Da kriegt ein 12jähriger Schüler zur Stunde der Wahrheit – die manchmal wohl auch eine Unwahrheit ist – einen Schlag ins Kontor und ruft an: »Mit dem Zeugnis darf ich nicht mehr zum Turnverein.« Der Schulexperte am anderen Ende des Drahtes weiß zwar nichts über die bisherige Entwicklung des Jungen, über seine Einstellung zur Schule und zu seinen Eltern – dafür weiß er aber genau, wo der Feind steht: »Du mußt Deinen Eltern sagen, daß das Turnen nichts mit dem Lernen zu tun hat, und wenn sie das Turnen verbieten, gehst du noch unlustiger zur Schule.« Bitte schön – so macht man das und sichert sich seine Klientel beizeiten. Und der Kleine kann Mutter und Vater jetzt zeigen, wo der Hammer hängt: Wenn ihr mir das Turnen verbietet, habe ich zur Strafe überhaupt keinen Bock mehr!

Oder nehmen wir jene 16jährige, die sich statt mit Algebra lieber mit ihrem Freund beschäftigt: »Meine Eltern werden mir sicher verbieten, weiter meinen Freund zu sehen. Sie denken immer, der hält mich vom Lernen ab.« Der Mann von der Schulbehörde setzt auf sein Lehrbuch der Entwicklungspsychologie und den Zahn der Zeit: »Das ist eine natürliche Phase der Pubertät, daß einem der Freund auf einmal viel wichtiger ist als die Schule. Aber das gibt sich meist nach dem ersten Jahr, sage das deinen Eltern.«

Hier hat der verständnisvolle Ratgeber bei dem Mädchen bestimmt einen besonderen Treffer erzielt – sozusagen durch beide Ohren hindurch direkt ins Auge. Seine Erwägung, daß von dem Feuer der Leidenschaft nach Jahresfrist nichts als ein Häuflein kalter Asche bliebe, dürfte in ihr die Neigung fördern, letzterem an die Gurgel zu gehen: »Liebe Eltern«, das soll sie zu Hause sagen, »macht Euch nur keine Sorgen – das gibt sich bei mir schon wieder. Ihr wißt doch, daß ich zur Zeit in der Pubertät bin!«

Wer sich nur halbwegs in die Seele eines heranwachsenden Menschen hineinversetzen kann, weiß, daß dieser sich eher die Zunge abbeißen würde, als aus der Pubertät Argumente in eigener Sache abzuleiten. So gibt es am »Zeugnis-Sorgen-Telefon« Steine statt Brot, doch die Experten verabreichen ihre Ratschläge wie Tabletten mit Sofortwirkung, ohne sich auch nur im Ansatz der Mühe einer individuellen Diagnose zu unterziehen: Der nächste bitte...

Im Nationalmuseum Capodimonte zu Neapel hängt

ein Bild von Pieter Brueghel, auch Bauernbrueghel genannt, das alle Spezialisten gelegentlich betrachten sollten: das »Gleichnis von den Blinden«. Man sieht, wie alle dem Blinden folgen – und ins Wasser fallen.

Die Blindheit, mit der Erziehungswissenschaftler und Schulpolitiker bisweilen geschlagen sind, ist freilich von besonderer Natur. Reden wir von einem Begriff, den gewiß niemand mehr so recht hören mag, reden wir von der »Motivation«. Vor vielen Jahren bereits sind mindestens ein Dutzend Faktoren »isoliert« und beschrieben worden, die einem Kind die Freude an Schule und Lernen vergällen bzw. diese fördern können: die Palette reicht von der Identifizierung des Kindes mit dem Lehrer über die Sorge vor Mißerfolg bis zur ausreichenden Sauerstoffzufuhr.

Und nun darf man staunen: der Deutsche Bildungsrat und seine Curriculum-Konstrukteure, die 1970 die große Wende an unseren Schulen einläuteten, nahmen die Bedeutung des persönlichen Lehrer-Schüler-Verhältnisses überhaupt nicht zur Kenntnis. Daß die innere Bindung an die Person des Lehrers bzw. die Anonymität des einzelnen in der Schule auch etwas mit der Lust zum Lernen zu tun haben, konnten und wollten die Planer der neuen Schulwelt nicht sehen. Sie klammerten sich lieber an das Formulierbare und Formalisierbare – und das war vor allem die amerikanische Lerntheorie:

»Das Tempo der gesellschaftlichen, technisch-wissenschaftlichen und wirtschaftlichen Entwicklung sowie die Veränderung der Lebensumstände und Arbeitsverhältnisse fordern die gezielte Förderung der Fähigkeit des Lernens, die sich aus der Wissenschaftsorientierung des Lernens ergibt. Die Veränderungen können auch Lust zum ständigen Weiterlernen wecken, das jedoch selbst gelernt werden muß.«[17]

Hier muß man vermutlich um Nachsicht bitten, da ein

solcher Satz die Lust zum Weiterlesen nicht gerade fördert. An unseren Schulen jedenfalls scheint der Geist, der diesen Satz zu Papier brachte, längst das allgemeine Klima zu bestimmen: »Wenn jemand verhindern wollte, daß Schüler sich in eine Sache vertiefen, Interessen entwickeln, versunken arbeiten, er könnte sich kein perfekteres System ausdenken als unsere gegenwärtigen Schulen.«[18]

Den euphorischen Planern von einst kann man allerdings durch derartige Befunde nicht so leicht die Hakken von den Schuhen treten, denn sie haben die Schuldigen an der ganzen Misere längst ausgemacht: es sind jene, die nicht bereit waren, ihre Ideen konsequent genug in die Praxis umzusetzen. Angriff war schon immer die beste Verteidigung.

Und dann darf man natürlich auch noch auf die Unzulänglichkeiten unseres Gedächtnisses bauen und bei der Einführung einer neuen pädagogischen Mode hoffen, daß zum Beispiel die »leere Menge« der Mengenlehrer längst der Gnade des Vergessens anheimgefallen ist.

Wer jedoch Kinder in der Schule hat, hofft wohl auf etwas ganz anderes: daß nämlich die Erziehungswissenschaft bei den Erziehungswissenschaftlern bleiben möge und daß die Schule durch das Auf und Ab der pädagogischen Moden nicht immerfort als Laboratorium mißbraucht würde. Natürlich ist jeder Fortschritt zum Wohle des Kindes willkommen – nur »die Kindheit, wie sie im Buche steht, hat ihre Zukunft (meist) schon hinter sich«.[19]

Den Kopf voll und das Herz leer

»Der Analytiker macht Staub aus dem Menschen.«
Karl Kraus

»Nun hör mal zu!
Draußen auf dem Lande, dicht an der Straße, lag ein Landhaus; du hast es bestimmt selber einmal gesehen! Vorn ist ein kleiner Garten mit Blumen und einem Zaun, der gestrichen ist; dicht dabei am Graben, inmitten des schönsten grünen Grases wuchs eine kleine Gänseblume...«.

Nun hör mal zu!? Das muß man einem Kinde doch nicht zweimal sagen, wenn es ans Geschichtenerzählen geht. Und bestimmt will Andersen hier seinen ersten Satz auch gar nicht als Appell verstanden haben, weil er sehr wohl weiß, daß sich die Ohren eines Menschen auf diese Weise kaum dauerhaft öffnen lassen. Nun hör mal zu! – das mag bei ihm soviel heißen wie: Jetzt gibt es nur Dich und mich und unsere gemeinsame Geschichte! Und wenn das Kind diese Einschätzung teilt, dann stellt sich von selbst jene innere Bereitschaft ein, die weniger aufgeklärte Zeitgenossen noch immer als »Interesse« bezeichnen. Die anderen haben da längst etwas Besseres und sprechen von »Motivation«, über die sie noch obendrein wissen, daß sie mal »extrinsisch« und mal »intrinsisch« sein kann.

Neben der »Frustration« gibt es wohl keinen psychologischen Fachausdruck, der sich derartig in unserer Alltagssprache breitgemacht hat wie dieser. Und das muß daran liegen, daß man mit der »Motivation« nicht nur ein schönes neues Wort hat, sondern gleichzeitig optimistisch in die Fußstapfen der Sozial- und Seeleningenieure tritt.

Wie bitte? Vivi hat reges Interesse an den Geschichten von Astrid Lindgren? Nein – Vivi ist für die schwedische Autorin zu »motivieren«! –, so heißt das richtig und deckt sich nun auch mit der Auffassung, daß Vivi gar kein unkontrollierbares seelisches Eigenleben zu haben hat. Mit der »Motivation« kriegt man die Sache endlich in den Griff und kann verhindern, daß Vivi ihre Aufmerksamkeit in eigener Regie verteilt oder gar entzieht.

Später, wenn sie einmal groß ist, kann sie dafür selbst die Hohe Schule der Motivation absolvieren und sich zum Beispiel in die Kunst des »aktiven Zuhörens« einweihen lassen. Der Clou besteht darin, daß man nach genossener Schulung gar nicht mehr für etwas motiviert zu werden braucht - man *ist* es ganz schlicht und einfach und kann dies durch einen recht simplen Kniff auch dokumentieren. Der »aktive Zuhörer« hat in seinem Kursus nämlich gelernt – ja er ist geradezu darauf erpicht – auch bei gähnender Langeweile »durch die Rückmeldung des Gehörten« aktiv zu zeigen, »daß er den Sender akustisch und sinngemäß versteht«.[20] Der »Sender«, so will es das Konzept, wird hierdurch enorm beflügelt und sein Mitteilungsbedürfnis verschärft zu befriedigen versuchen. Wo findet man denn heute schon noch ein geneigtes Ohr, da doch alle lieber auf Sendung als auf Empfang sind.

Nach Thomas Gordon ist das Tolle, daß bei diesem Verfahren vor allem »die Fehler der zwölf Kommunikationssperren« vermieden werden, weil der »aktive Zuhörer« keine »eigene Botschaft« aussendet. Und wo keine Kommunikationssperren sind, das weiß jeder, kommt man prima miteinander aus.

Aber wie geht das nun in der Praxis mit dem »aktiven Zuhören«? Eine Unterhaltung über dessen Sinn oder Unsinn könnte mit dem Leiter der »Ersten Deutschen Zuhör-Schule«, Herrn H. Graf Walderdorff, zum beiderseitigen Mißvergnügen etwa so ablaufen:

M-T: Es freut mich sehr, Herr Graf, daß Sie sich für dieses Interview zur Verfügung stellen, und ich hoffe, Ihre Zeit nicht zu sehr in Anspruch zu nehmen...

Graf: Ist es so – ja – daß Sie ein wenig Sorge haben, ich könnte ungeduldig werden?... wo Sie doch recht froh sind, daß dieser Termin zustande gekommen ist...

M-T: Äh – ganz richtig! Ich habe ja nun an Ihrer Veranstaltung teilgenommen und frage mich, ob die Schüler hier nicht zur – entschuldigen Sie bitte – zur Heuchelei erzogen werden. Schließlich wird man ja dazu angestiftet, Interesse zu zeigen, wo man am liebsten weghören oder gähnen möchte.

Graf: Sie haben bei der Sache ein ungutes Gefühl, nicht wahr? Das kommt Ihnen alles ein wenig unehrlich vor, ja? Und nun wissen Sie nicht so recht, was davon zu halten ist.

M-T: Nun ja... ich versetze mich einfach einmal in die Rolle eines Menschen, der gar nicht weiß, daß es »aktive Zuhörer« gibt. Und nun trifft der auf einen frisch von Ihnen Geschulten und freut sich in seiner Arglosigkeit über das rasende Interesse, das dieser ihm entgegenbringt. Dabei wendet sein Gesprächspartner nur einen Kniff an – türkt ihm was vor...

Graf: Ich verstehe – Sie haben die Sorge, daß Sie nicht richtig erkennen könnten, ob jemand wirklich interessiert ist oder nicht. Im letzten Falle würden Sie sich bei aller erfahrenen Zuwendung nicht so recht darüber freuen.

M-T: Wissen Sie, Herr Graf, ich halte Ihr Training für

geeignet, auch Menschen guten Willens zu verkorksen und sie zur feinsinnigen Verlogenheit im Umgang mit anderen anzuleiten. Sie sagen über die Technik des »aktiven Zuhörens«, daß sie Empfindungen des Vertrauens und gar der Liebe hervorrufen könne. Ist es vielleicht nicht ganz anders? Wäre es nicht möglich, daß bei einem sensiblen Menschen im Zuge einer derartigen »Behandlung« so ganz allmählich der innige Wunsch aufkommt, seinem geschulten Gegenüber an die Gurgel zu springen?

Graf: Sie können mich mal...

Diese letzte Äußerung ist freilich im Sinne der reinen Lehre eine absolute Katastrophe – sie könnte aber geeignet sein, einen echten Disput in Gang zu setzen, da der Graf endlich einmal als Person ausfindig zu machen ist. Sein Ausfall ist zugleich ein Ausbruch aus dem ihn schützenden, aber auch gängelnden System und damit ein Durchbruch zum »gemeinsamen« Gespräch: mit einem Schlag ist sie weg, die gläserne Wand, hinter der man ihn zwar sehen, aber eben nicht anfassen kann.

Doch solche Überlegungen sind nicht nur ungehörig, sondern auch anmaßend, denn die »Erste Deutsche Zuhör-Schule« ist eine Gründung der »VEPA« und das wiederum ist eine »gemeinnützige Vereinigung für Partnerbeziehungen e. V.«. Und da es dieser Initiative um den ganz großen Wurf geht, nämlich die Menschheit durch Zuhören glücklicher zu machen, wurde kürzlich eigens zum I. Europäischen Zuhörkongreß nach Berchtesgaden eingeladen. Für die Teilnehmergebühr von DM 980,– (ohne MWST) durfte jeder mit der Gewißheit anreisen, daß auch für ihn ein passendes Referat dabei sei.

So gab es zum Beispiel laut Prospekt für Ärzte »Zuhören zwischen Arzt und Patient« und für Erwerbslose den vielversprechenden Vortrag mit dem Titel »Der Arbeitslosigkeit zuhören«. Wer noch nicht das rechte Zutrauen ins Zuhören hatte, konnte sich in einer Parallelveranstaltung etwas über »Zuhören im Großunternehmen Sperry« erzählen lassen.

Die obligatorischen Referate wie »Zuhören in der Partnerschaft« und »Zuhören in der Familie« seien hier nur nebenbei erwähnt – interessant aber ist noch eine Veranstaltung, die mit der reißerischen Überschrift »Lernen durch Zuhören« wohl besonders viele Tagungsteilnehmer anlocken sollte.

Doch es half alles nichts – der Kongreß mußte mangels Masse abgesagt werden, weil die potentiellen Teilnehmer anscheinend nicht so recht an das Allheilmittel »Zuhören« glauben mochten. Vielleicht haben sie sich auch gesagt, daß Zuhören letztlich doch eine Frage der inneren Bereitschaft ist und weniger eine des Appellierens und des Trainierens.

Eine erfolgreiche Methode, heißt es boshaft, ist eine Methode, die sich mit Erfolg vermarkten läßt. Dies gilt für das »aktive Zuhören« trotz des Kongress-Debakels von Berchtesgaden nach wie vor. Und deshalb schrecken Erziehungsberater in ihrer lebensverbesserischen Absicht auch nicht davor zurück, Eltern zu raten, Probleme mit ihren Kindern nach diesem Muster anzugehen:

Katharina: Ali und Tine sind heute nach der Schule ohne mich nach Hause gegangen.

Mutter: Das hört sich fast so an, als wenn Du darüber jetzt irgendwie sauer bist.

Katharina: Ich weiß auch nicht – sonst warten sie immer auf mich.

Mutter: Das bedrückt dich jetzt, ja ... und Du fragst dich, woran das liegen könnte, daß sie ohne Dich gegangen sind.

Katharina: Ich finde das gemein von denen.

Mutter: Du sagst dir, daß gute Freundinnen sich so nicht verhalten, daß es fies ist, dich so einfach hängen zu lassen.

Katharina: Das nächste Mal, wenn sie mit mir spielen wollen, sag' ich einfach, daß ich keine Lust habe.

Mutter: Du hast jetzt das Bedürfnis, es ihnen heimzuzahlen. Die sollen so richtig merken, was sie davon haben, wenn sie gemein zu Dir sind ...

Katharina: ....

Bei konsequenter Anwendung der Technik des »aktiven Zuhörens« kann das Gespräch natürlich erst dann enden, wenn einer der beiden Teilnehmer ermüdet ist. In der Wirklichkeit wird freilich eine Mutter mit ihrem Kinde nur dann so »kommunizieren«, wenn ihr im entsprechenden Seminar vorher eingetrichtert wurde, daß Spontaneität wohlüberlegt sein muß.

Was vorrangig zählt, ist das intellektuelle Kalkül, gilt es doch, die »eigene Botschaft« zu unterdrücken und statt dessen eine »Rückmeldung der Botschaft des Kindes« zustande zu bringen. Vor allem aber heißt es, sich auf die Lauer zu legen, damit nichts, was im Sinne des Konzepts zu verwerten wäre, verlorengeht. Und das ist gar nicht so leicht, zumal man an viele Dinge gleichzeitig denken muß. Da gibt es zum Beispiel den Grundsatz »Gefühle sind freundlich«, der einen ganz schön in Schwierigkeiten bringen kann, sofern man sich trotz Unterweisung den Luxus erlaubt, darüber nachzudenken: Gilt das auch für die vom Laien als eher unerfreulich eingeschätzten Regungen wie Neid, Mißgunst, Schadenfreude, Haß, Angst oder Traurigkeit? Wer hier Zweifel hegt, hat den Pfad der reinen Lehre bereits verlassen, gilt es doch, den Kindern die Vorstellung auszutreiben, »Gefühle seien schlimm oder schrecklich«. Mag

Thorben doch Vivis neuen Schulranzen miesmachen: Gefühle sind gut – so jedenfalls will es die Theorie.

Die Theorie will auch, daß Eltern solchen Unfug wie »warnen«, »urteilen«, »fragen« und ähnliche schlechte Gewohnheiten abstellen. Dann erst, wenn sie dies alles und noch viel mehr bedenken, werden sie »viel unerwarteten und kaum glaubhaften Nutzen aus dem aktiven Zuhören ziehen – Nutzen für sich und ihre Kinder«.

Ginge es hier um einen Exoten, wäre die Sache geschenkt. Aber es geht um Thomas Gordon, der mit seinen »Original-Gordon-Kursen« hier bei uns einen beachtlichen Marktanteil hält. Ob Mutter oder Vater, Verkäufer oder Manager – wer das rechte Markenbewußtsein hat, kauft bei Gordon und fühlt sich reich beschenkt, wo er geneppt wurde: er hat am Ende den Kopf voll und das Herz leer. Zuletzt geht es ihm wie einem, der nach folgender Anleitung zu laufen versucht:

»Mit dem Vorschwenken des linken Armes bewegt sich synchron das rechte Bein nach vorn. In dem Moment, in dem der linke Arm seinen Umkehrpunkt erreicht hat, löst sich das linke Bein vom Boden und bewegt sich in Richtung des ihm entgegenpendelnden Armes. Beide treffen sich genau an der senkrechten Achse des Körpers, um dann ihre gegenläufigen Bewegungen bis zum äußersten Umkehrpunkt fortzusetzen.«

Wer's ausprobiert, wird wie ein Betrunkener darherstaksen.

Bei gründlicher Übung könnte sich andererseits jene Fortbewegungsart einschleifen, die gemeinhin als Marsch bekannt ist. Allerdings müßten auf dem Weg zu solch einer Stufe der Vollkommenheit den »Trainees« erst einmal jene individuellen Regungen ausgetrieben werden, die normalerweise den halbwegs autonomen Menschen kennzeichnen.

Die Vorzüge dieses Verfahrens liegen aber darin, daß

Ich suche eine Stelle als Erzieherin..
Ihre Zeugnisse ...
ich.. ich.. ich hab' 5 Kinder großgezogen!
Tut mir leid, aber das ist Keine Qualifikation!
m. M.

niemand mehr aus der Reihe tanzt und alle Marschierer als Kolonne an einem Ziel ankommen, das andere für richtig befunden haben. Und sollte die Sache in einem Desaster enden, bleibt immerhin der Trost, daß es alle getroffen hat.

Nicht ohne Stolz erwähnt Thomas Gordon einen Beitrag der »New York Times«, in dem ihm bescheinigt wird, daß er mit seinem Erziehungskonzept eine »nationale Bewegung« ausgelöst habe.

Immerhin sorgen in den USA fast 8000 nach sei nem System geschulte Fachleute dafür, daß Eltern endlich wissen, wo es in der Erziehung längs geht. Und da man alles, was in Amerika hoch im Kurs steht, hier bei uns allemal dringend braucht, ist es gar nicht unwahrscheinlich, auf jemanden zu treffen, der unerträglich »aktiv« zuhört und einem noch obendrein ständig irgendwelche »Ich-Botschaften« entgegenschleudert.

Diese neue Verhaltenstechnik muß jeden reizen, der mit Gordon darin übereinstimmt, daß man »seiner Aufgabe als Vater oder Mutter nur gerecht werden kann, wenn man sich nach irgendeiner prinzipiellen Theorie oder einem Plan richtet« und daß kein anderer als Gordon so etwas liefert: im Gleichschritt marsch!

Und wenn das Modell nun gar nicht stimmt, also sich mit der Wirklichkeit nicht deckt? Pech für die Wirklichkeit, heißt es im Bonmot. Pech aber vor allem für die Kinder, denen lieber unwissende Eltern zu wünschen wären als solche, die sich im Würgegriff einer Theorie befinden.

»Seltsamerweise«, schreibt der amerikanische Biochemiker Erwin Chargaff, »hat es sich noch immer nicht herumgesprochen (...), daß wer Augen hat, viel mehr sehen kann, als die Wissenschaft ihm je wird erklären können; ja daß platte wissenschaftliche Erklärung dem

Verstehen der Welt oft abträglicher ist als komplette Ignoranz.«[21]

Natürlich sollten Mütter und Väter möglichst viel über Kinder wissen – aber eben über *ihre* Kinder. Und dieses Wissen werden sie wohl niemals erlangen, wenn sie ihnen mit jenem Blick begegnen, der am Seziertisch üblich ist. Ein Gemälde legt man nicht unter das Mikroskop, um es besser zu verstehen.

Warum, mag jemand fragen, der von dem ganzen Streit der pädagogischen Richtungen verschont geblieben ist – warum dürfen Eltern nicht bisweilen schlicht ihrem Herzen folgen? Aber da sind eben Gordon und die anderen vor, die dafür sorgen, daß Mütter und Väter stets alle Hände voll zu tun haben, damit sie irgendeinem »wie-heißt-es-doch-noch«-Modell gerecht werden können.

Auf leisen Sohlen

Maikäfer flieg,
Deine Bezugsperson ist im Krieg,
Deine andere Bezugsperson . . .

Das muß doch einmal gesagt werden: Kinder haben schon immer Pipi gemacht, und anständige deutsche Erziehungsexperten haben darin schon immer ein Problem gesehen. Selbstredend gilt dies ebenso für das »große Geschäft«.

Und deshalb feiern auch nur unwissende Eltern ohne eine selbstkritische Bestandsaufnahme ihrer erzieherischen Bemühungen *jenen* Tag, an dem ihr Kind das erste Häufchen gezielt im Topf plazieren konnte. Aufgeklärte Eltern dagegen wissen, daß es einen »Zusammenhang zwischen der Umweltverseuchung und der Analdressur« gibt und fragen sich ängstlich-hoffend, ob sie auch nichts falsch gemacht haben. Denn: »Die aus den unterdrückten analen Bedürfnissen der Kindheit herrührende Aggression ist selbst ziellos und kehrt sich in der Vernichtung der Welt gegen uns selbst.«

Wen's da nicht gruselt . . .

Einem Vater, der gern Märchen (vor)liest, mögen hier die Gebrüder Grimm einfallen:

»Ein Vater hatte zwei Söhne, davon war der älteste klug und gescheit und wußte sich in alles wohl zu schikken, der jüngste aber war dumm, konnte nichts begreifen und lernen. Und wenn ihn die Leute sahen, sprachen sie: ›Mit dem wird der Vater noch seine Last haben!‹ Wenn nun etwas zu tun war, so mußte es der älteste allzeit ausrichten; hieß ihn aber der Vater noch spät oder gar in der Nacht etwas holen, und der Weg ging dabei über den Kirchhof oder sonst einen schaurigen Ort, so antwortete der wohl: ›Ach nein, Vater, ich gehe nicht dahin, es gruselt mir!‹ denn er fürchtete sich. Oder wenn abends beim Feuer Geschichten erzählt wurden, wobei einem die Haut schaudert, so sprachen die Zuhörer manchmal: ›Ach, es gruselt mir!‹

Der Jüngste saß in einer Ecke und hörte das mit an und konnte nicht begreifen, was es heißen sollte. ›Immer sagen sie, es gruselt mir! Mir gruselt's nicht, das wird wohl eine Kunst sein, von der ich auch nichts verstehe.‹ «

Mancher mag sich erinnern, wie dem jungen Mann am Ende geholfen wird: eine Kammerzofe erteilt ihm die entscheidende Lektion, indem sie des Nachts einen Eimer voll Gründlinge in sein Bett schüttet.

Kinder hören dieses Märchen mit Vergnügen und verwundern sich darüber, daß da einer extra ausziehen muß, um »das Fürchten zu lernen«. So was braucht einem doch nicht erst beigebracht zu werden ...

Vielleicht aber lernt man auf diesem Gebiet viel zu häufig das Falsche nur zu gut, was für jene öffentlich gehandelten Angstmacher gelten mag, die den Sinn für jene Bedrohungen trüben, die auf leisen Sohlen daherkommen.

Rainer Maria Rilke warnt da zum Beispiel vor Wörtern, die wie Arsenik – langsam, aber sicher – ihre Wirkung erzielen:

Ich fürchte mich so ...

Ich fürchte mich so vor der Menschen Wort
Sie sprechen alles so deutlich aus:
Und dieses heißt Hund und jenes heißt Haus,
Und hier ist Beginn und das Ende ist dort.

Auch bangt mich ihr Sinn, ihr Spiel mit dem Spott,
sie wissen alles was wird und war;
kein Berg ist ihnen mehr wunderbar;
Ihr Garten und Gut grenzt gerade an Gott.

Ich will immer warnen und wehren: Bleibt fern.
Die Dinge singen hör ich so gern.
Ihr rührt sie an: sie sind starr und stumm
Ihr bringt mir alle die Dinge um.

Woran mag Rilke gedacht haben, als er diese Verse dichtete? Die folgende amtliche Betrachtungsweise von Kinderspielplätzen kann er jedenfalls noch nicht gekannt haben: »Die Rechtsprechung legt ihrer Beurteilung von Kinderspielplätzen ... eine typisierende Betrachtung zugrunde, das heißt, sie ordnet bestimmten Spielplatztypen unter Zugrundelegung ihrer funktionsgerechten Benutzung einen bestimmten Störgrad zu. Dazu bedarf es bei Spielplätzen keiner Verschlüsselung des Spielbetriebs in bewerteten Maß- und Rechengrößen energieäquivalenter Dauerschallpegel, um diese dann wieder an den vorgegebenen Orientierungswerten zu messen.« Auch nach wiederholtem Lesen entnimmt man diesem Text nur, daß das einzige, was an Kinderspielplätzen stört, das Vorhandensein von Kindern ist.

Fairerweise muß hier aber auch eingeräumt werden, daß Behörden manchmal über Kinder Vorteilhaftes zu berichten wissen: so können Eltern ein vom Staat zinslos gewährtes Familiengründungsdarlehen »abkindern« – es wird ihnen, wenn sie sich aus bevölkerungspolitischer Sicht besonders anstrengen, teilweise oder gar ganz erlassen. In Hinblick auf die niedrige »Reproduktionsrate« der Deutschen gibt es dennoch für manchen Politiker ein erhebliches »Vollzugsdefizit«.

Zum Fürchten ist aber vor allem das, was uns jene

anbieten, die es eigentlich besser wissen müßten – zum Beispiel die »projekt-, problem- und bedürfnisbezogene Ferienmaßnahme«. Die pädagogischen Veranstalter versprechen eine fachkompetente »Betreuungsarbeit« rund um die Uhr inclusive »herrschaftsfreier sozialer Austauschprozesse« und »emotionaler Zufuhr«. Wen's noch nicht graust: über »themenzentrierte Interaktionen« sollen »Gestaltungsräume für innovatorische Konflikte« geschaffen werden.

Solche Köpfe – vermutlich vor nicht langer Zeit im Oberseminar mit derart schweren Gedanken und Wörtern angereichert – werden gewiß mit ihren Drohungen Ernst machen und dem kindlichen Leben unerbittlich das Mark aus den Knochen ziehen. Dabei setzen sie insbesondere auf jenes spezifische »Kommunikationsverhalten«, das Hartmut von Hentig einmal als typischen »school talk« kritisiert hat.

In der Praxis geht das etwa so:

Thomas hat »keinen Bock« auf die Projekte und Probleme der »projekt-, problem- und bedürfnisbezogenen Ferienmaßnahme« und neckt statt dessen Andrea während der gerade laufenden »themenzentrierten Interaktion«. Der einschlägig geschulte Veranstalter erkennt einen gewissen »Handlungsbedarf« und versucht sich folglich in einer »pädagogischen Interventionsmaßnahme«, die für ihn erziehungswissenschaftlich abgesichert ist:

»Thomas, Du bist offensichtlich für unser Thema nicht so recht zu motivieren. Wir wollen doch alle einmal hören, woran das liegt. Vielleicht möchtest Du lieber etwas anderes machen.«

»Ich finde das Gesülze hier echt ätzend!«

»Meine Frage bedrängt Dich jetzt ein wenig ... ich schlage vor, daß wir alle gemeinsam einmal das Verhalten von Thomas besprechen. Sicherlich befindet er sich in einem Konflikt und weiß nicht so recht ...«

»Ich flipp' gleich weg ... der Typ fährt ja 'n total falsches Programm.«

Man ahnt, was Thomas möchte – er will nicht analysiert, sondern für voll genommen werden. Er sucht einen Widerpart, möchte sich reiben und keineswegs mit einer Rhetorik abgespeist werden, an der er nur hilflos abrutschen kann. Wo sind die Ecken und Kanten? Vor allem aber: Wo steht der andere und was hält er von mir und meinem Verhalten?

Der polnische Pädagoge Janusz Korczak, der als Leiter des jüdischen Waisenhauses in Warschau mit seinen Schützlingen in Treblinka ermordet wurde, ließ sich bei aller Kinderliebe niemals davon abbringen, menschliches Verhalten klar zu bewerten. Seine Zuneigung zu einem Kinde wurde in keiner Weise dadurch vermindert, daß es zum Beispiel einen Diebstahl beging – »man muß nur sagen«, schreibt er, »daß es schlecht ist, was da geschieht.«

Die sogenannte moderne Pädagogik getraut sich kaum noch, derartiges zu sagen. Worte wie »gut« und »böse« sind für sie längst verblaßt – es gibt kein fehlerhaftes, sondern nur noch »abweichendes« Verhalten. Aus der »Delinquenz« wurde die »Devianz«, und kriminell ist auch keiner mehr, sondern die Umstände oder die Rechtsprechung haben ihn allenfalls »kriminalisiert«.

Möglicherweise mag solch eine Wortkosmetik gut gemeint sein, da sie den Betroffenen lästige und manchmal auch seelisch abträgliche Schuldgefühle erspart. Wer aber (seine) Kinder wirklich liebt, wird es sich und ihnen niemals so leicht machen wollen: ihm ist es aus guten Gründen unerträglich, den Menschen als determiniert zu betrachten – »die Verhältnisse sind eben so« – und ihn damit leichtfertig aus der Verantwortung für sein Verhalten zu entlassen. Wer Kinder liebt, weiß, daß er sie dadurch nicht in die Freiheit, sondern in das Gestrüpp der Beliebigkeit schickt: ob so oder so – egal! Ein echtes Greuel ist ihm auch der nun schon lange andauernde Streit, welches denn eigentlich »Primär-« und welches »Sekundärtugenden« seien und ob man letztere überhaupt brauche. Liebevolle Eltern werden das Ergebnis dieser Auseinandersetzung nicht abwarten, sondern mit Festigkeit darauf bestehen, daß die sechsjährige Tochter hin und wieder ihr Zimmer aufräumt und beim Bäcker nebenan »Guten Morgen« sagt.

Ordnungssinn, Freundlichkeit, Fleiß, Selbstdisziplin etc. – wer den großen Wurf plant und den neuen Menschen bereits auf dem pädagogischen Reißbrett hat, mag solche Eigenschaften als »Sekundärtugenden« abqualifizieren –, Eltern, die sich selbst in ihren Überzeugungen treu sind, betrachten sie als jenen Boden, auf dem sich eine »Primärtugend« wie zum Beispiel Friedfertigkeit überhaupt erst entwickeln könnte.

Zugegeben – das klingt verstaubt und hoffnungslos von Gestern. So etwas kann eben nur einer denken und schreiben, der unzählige Male nach innen gestülpte Kinderhosenbeine wieder in Ordnung gebracht und in der Wohnung verstreute Spielsachen zusammengeräumt hat. Das kann auch nur von einem kommen, der sich freut, wenn ein Kind freundlich grüßt, seine Rechen-Türmchen mit vergnüglichem Eifer löst und fragt, ob man von seinen Gummibärchen abhaben möchte.

Erhielte dieser armselige Praktiker einmal die Gelegenheit, im akademischen Kolleg von seinem manchmal durchaus auch schweißtreibendem und nervenzehrendem Tun zu berichten – das Auditorium hätte nur jenes Lächeln für ihn übrig, das gemeinhin als doppeldeutig bezeichnet wird. Der Praktiker aber, der jeden Vorwurf einer generellen Theoriefeindlichkeit zurückweist, dächte dann an jene Zeit zurück, als er selbst einmal

Dressier ihm Keine Sekundärtugenden an!
Zieh dich jetzt an und räum auf!
und sag DANKE!

wissenschaftlich ausgebildet wurde und davon überzeugt war, dadurch festen Boden unter die Füße zu bekommen. Er würde sich an so manchen Professor erinnern, dessen Lehrmeinung er zweifellos für den Rest seines Lebens geglaubt hätte – wäre da nicht eines Tages so ein kleines Würmchen gekommen, das anderer Meinung war.

Wahrscheinlich würde er – wäre er in diesem Kolleg – an die Geschichte von den Fröschen im Teich denken, deren existentielles Problem darin bestand, daß die Störche sie zunehmend dezimierten. Was machen Frösche, wenn guter Rat teuer ist? Sie bilden eine Kommission, diese bildet eine Unterkommission und diese beschließt, eine Abordnung zur Eule zu schicken, die bekanntlich als besonders weise gilt. Der Weg lohnt sich, und die Gesandten verkünden am Teich triumphierend die Lösung: Wir brauchen uns nur zu verpuppen!

Die Begeisterung über diesen klugen Ratschlag ist riesig – bis der kleinste unter den Fröschen die lästige Frage stellt, wie dies denn eigentlich vonstatten gehen solle.

Eine weitere Delegation wird abgestellt, um bei der Eule die Details bezüglich der Umsetzung ihrer Empfehlung in Erfahrung zu bringen.

Fehlanzeige: Die Eule erklärt sich nur für Grundsatzfragen zuständig.

Der Vater, der sich hier ins Kolleg zurückversetzt, erinnert sich, wie mühelos zu Zeiten bei gegebener ideologischer Ausrichtung Grundsatzfragen geklärt werden konnten – alles ließ sich nahtlos zusammenfügen. Jetzt, wo er weiß, welches Kunststück zu vollbringen ist, wenn man für drei Kinder einen Apfel so aufteilen will, daß sich keines beschwert, denkt er darüber anders.

»Erziehung war bisher eine Kunst, jetzt läuft sie Gefahr, eine Wissenschaft zu werden.« Man unterschätze nicht die Kabarettisten, in diesem Falle den Wiener Helmut Qualtinger, wenn es um die Bestandsaufnahme zeitgemäßen Fortschritts geht – was als wissenschaftlich fundierte Erkenntnis daherkommt, ist eben nicht selten ein Witz:

»Es besteht eine signifikante positive Korrelation zwischen dem effektiven Lernzuwachs (LZ) und der Bearbeitungszeit (t).« Welch eine These – hart wie Beton und beeindruckend im Vortrag! In der Klausur zum Diplom bringt sie Punkte und falsch ist sie auch nicht: wer länger lernt, lernt möglicherweise tatsächlich mehr.

Die These aber, die sich aus dieser These ableiten läßt, ist weitaus interessanter: wer mit seinem Latein am Ende ist, stützt sich gern auf prestigeträchtige Formulierungen, die die Banalität nicht sofort als Banalität erkennen lassen! Schließlich und endlich geht es ja darum, dem Publikum den rasanten Fortschritt des eigenen Faches vor Augen zu führen. Deshalb wurde auch der herkömmliche Schulunterricht abgeschafft und das »interaktionelle Lernen« erfunden – denn im »Lernprozeß«, *so* heißt das richtig, müssen »Ich-Betroffenheit« und »Kommunikation« erzeugt werden.

Betroffen vor allem aber faßt sich der dilettierende Volksschullehrer (falls es ihn noch gibt) an den Kopf und fragt, warum er nicht selbst darauf gekommen ist: Unterricht als »regelgeleiteter Handlungszusammenhang« – das hätte man ihm doch schon früher verraten können.

Aber damals, als er ausgebildet wurde, stand noch Friedrich Fröbel, der Begründer des Kindergartens, auf dem Programm: »Erziehung ist Beispiel und Liebe – sonst nichts.« Daran hat er versucht, sich zu halten. Die ermüdenden Curriculum-Diskussionen haben ihn niemals sonderlich beeindruckt: nicht »Wozu erziehen unsere Schulen?« sondern »Wer erzieht an ihnen?« – das ist für ihn die entscheidende Frage. Wer selbst ein Kind in der Schule hat, wird ihm gerne zustimmen.

Er wird hoffen, daß jene Lehrerinnen und Lehrer, die niemals den Sprung vom Pädagogen zum Erziehungswissenschaftler schafften, aus Liebe zu den Kindern mit ihrer Erziehung fortfahren, obwohl es theoretisch gar nicht mehr gehen dürfte. Und mögen sie doch bloß weiterhin weghören, wenn man ihnen erzählt, daß sie sich als ihre Arbeitskraft verkaufende Arbeitnehmer zu verstehen hätten. Wer im Krankenhaus liegt, beim Arbeitsamt vorspricht oder ein schulpflichtiges Kind hat, hofft doch vor allem, nicht auf einen seelenlosen Funktionsträger zu treffen.

Und genau deshalb ist auch zu wünschen, daß sich Lehrerinnen und Lehrer an jenem Erziehungsziel orientieren, das niemals über die Aufnahme in ein Curriculum höhere Weihen erlangt hat: nämlich »das Kind teilhaben zu lassen an dem, was wir, die Erwachsenen, selbst für gut, schön, wertvoll, sinnvoll oder nützlich halten«.

Kein Geringerer als der Münchner Philosophie-Professor Robert Spaemann fügt an dieser Stelle noch hinzu: »Vorausgesetzt, wir finden überhaupt etwas gut, schön, nützlich und so weiter. (...). Im Grunde muß man sich erst einmal fragen, wie man selbst leben will und lebt, ehe man über Erziehung reden kann.«[22]

Da liegt der Hase im Pfeffer. Persönlichkeit, Individualität und Lebensbejahung – das kann man weder im Seminar vermitteln noch in Lehrplänen niederschreiben. Wie wollte man es auch in Prüfungen abfragen? Individualität ist in der Lehrprobe des Anwärters zum Lehramt völlig fehl am Platze, denn was allein zählt, ist *die Methode,* die gerade im Kurs steht. Und wenn der Kandidat sie nicht so bringt, wie die Kommission es erwartet, fällt er eben durch. Und da kann ihn auch kein Hinweis auf Wilhelm von Humboldt mehr retten – etwa auf das, was dieser 1827 an seine Freundin Charlotte schreibt:

»...je mehr der Mensch sich in seine Individualität einschließt, desto mehr geht aus ihr hervor, was segensreich auf das Gemüt und das innere Glück vieler wirkt.

Diese Betrachtungen verrücken zwar sehr die gewöhnlich über das, was wichtig und unwichtig ist, herrschenden Ideen; das für das Wichtigste Gehaltene wird fast zur Gleichgültigkeit herabgesetzt und dem Unscheinbaren große Bedeutung beigemessen. Sie sind doch aber darum nicht minder wahr und werden auch gewiß so von allen empfunden, welchen das äußere Weltleben nicht allen inneren Sinn abgestumpft hat.«

Der Experte, der sich und sein Tun in der Sprache der Wissenschaft begreift, wird hier auf Humboldt gewiß nicht gut zu sprechen sein: so einfach kann man die Dinge doch nicht auf den Kopf stellen! Schließlich ist die Entwicklung ja seit 1827 weitergegangen. Längst wurde die Erziehung von dem, der sie praktiziert, losgelöst und nicht ohne Hintersinn zum »differenzierten, korrigierenden Kommunikationsverhalten« erklärt. Der Vorteil dieser Betrachtung liegt darin, daß man endlich ein parteiloses Instrument hat, das jeder nach entsprechender Übung handhaben kann.

Kommunikation ist Trumpf! Diese Euphorie wäre allerdings mit dem Psychologen Abraham Maslow zu bremsen: »Wer als einziges Instrument einen Hammer hat, neigt dazu, alles wie einen Nagel zu behandeln.«

Andererseits ist auf diesem Hintergrund der Wandel, den die folgende Aufgabe in den vergangenen Jahrzehnten erlebt hat, beeindruckend konsequent:

»Ein Bauer verkauft einen Sack Kartoffeln für 20 Mark. Die Erzeugungskosten betragen ⁴⁄₅ des Erlöses. Wie hoch ist der Gewinn?«

In den 50er und 60er Jahren hielt man es für wünschenswert, daß Schüler in der Lage waren, solche Aufgaben zu lösen. In den 70er Jahren sollte sich das dann – auch zum Leidwesen vieler Eltern – radikal ändern:

»Ein Bauer verkauft eine Menge Kartoffeln (K) für eine Menge Geld (G). G ist die Menge aller Elemente g, für die gilt: g ist eine Mark. In Strichmengenform müßtest Du für die Menge G »zwanzig« (////////////////////) Strichlein machen, für jede Mark eines. Die Menge der Erzeugungskosten (E) ist um »vier« (////) Strichlein weniger mächtig als die Menge G. Zeichne das Bild der Menge E als Teilmenge der Menge G und gib die Lösungsmenge (L) an für die Frage: Wie mächtig ist die Gewinnmenge?«

Natürlich ist es gut, im Mathematik-Unterricht und auch anderswo immer wieder nach neuen Wegen zu suchen – aber die Lautstärke, mit der dazumal die Mengenlehre eingeführt wurde, stellt sich nachträglich angesichts ihres sang- und klanglosen Verschwindens als ohrenbetäubender Lärm dar.

Heute ist man da längst weiter – eben weil über Nacht die Kommunikation entdeckt wurde:

»Ein Bauer kauft einen Sack Kartoffeln zum Preis von 20 Mark. Die Erzeugungskosten betragen ⁴⁄₅ gleich 16 Mark. Der Gewinn beträgt ¹⁄₅ gleich 4 Mark. Unterstreiche das Wort »Kartoffel« und diskutiere mit deinem Nachbarn darüber.«[23]

Natürlich ist dies eine Karikatur auf die Schulwirklichkeit und damit im ursprünglichen Sinne des Wortes übertrieben. An dem Vorwurf aber, daß Beliebigkeit propagiert wird, soll mit allergrößtem Mißvergnügen festgehalten werden. Legal – illegal – scheißegal! – solch eine Standpunktlosigkeit entspringt einem Programm, das nirgends und niemandem einen Haltegriff bietet.

Saul Robinson, einer, der sich in renommierten Fachkreisen über die Entwicklung von Lehrplänen einen Ruf erworben hat, erklärte einst, daß die »Mitteilung von Gehalten« im Unterricht von nachrangiger Bedeutung sei. Die Methode sollte über den Inhalt triumphieren – und das wurde freilich von allen dankbar aufgenommen, die selbst nichts zu Kauen hatten, geschweige denn anderen etwas abgeben konnten.

Was ihnen bleibt, den selbsternannten »Lernorganisatoren« und »Qualifikationspromotern«, ist das Jonglieren mit sprachlichem Leergut, und sie tun dies wie einst Rastelli mit seinen Ringen. Und die Wirkung auf den Zuschauer bleibt nicht aus: immer mehr Menschen hantieren inzwischen mit Begriffen, die bestenfalls für Diskussionen taugen. Die »Identität« ist zum Beispiel solch ein Ding, nach dem plötzlich viele suchen wie nach einem verborgenen Schatz. Natürlich weiß kaum einer, was er da eigentlich zu finden hofft (»Ich will eben ich sein?«) – aber würden die modernen Sprachdesigner statt von der »Identität« schlicht vom »Dingsbums« sprechen, begäbe sich vermutlich niemand auf »Identitätstour«.

»... immer mehr«, diagnostizierte der Psychologe Philipp Lersch vor Jahren, »entartet das Wort zum antlitzlosen Zeichen ...«. Die Begriffe verlieren ihr Gesicht und man fragt sich, ob wir nicht besser dastünden, wenn wir das Palaver, das um sie gemacht wird, einfach überhörten. Viele Jugendliche, so scheint es, haben sich von dieser Entwicklung bereits abgesetzt und die Losung von der dringend zu fördernden »kommunikativen Kompetenz« auf ihre Weise kommentiert: »Die Kalkleisten«, so mag es da etwa heißen, »sollen doch in den Keller gehen und nach Ketchup bohren oder Erdgas zersägen. Mit ihren Worten werden sie ja doch nie fertig ...«.

Jene Wörterwelt, die sich die Jungen zunehmend geschaffen haben, ist wiederum so manchem Erwachsenen nicht recht geheuer. Fragt sich nur, wer vor wessen Vokabular mehr Angst haben muß. Die Skepsis, die der Nachwuchs den verbalen Niederschlägen professoraler Stirnwolken entgegenbringt, empfand jedenfalls bereits

Hermann Hesse: »Ihre Worte sind immer so beruhigend eindeutig, sie wecken immer die Täuschung, es gebe ein sicheres Wissen, das in Worten mitteilbar sei.«

Für jemanden, der Rat sucht, liegt genau hierin ein ungemeiner Vorzug. Schließlich hofft er ja, etwas Grund unter die Füße zu bekommen und folglich mag er sich ungern mit der Frage aufhalten, ob die Reden der Professoren ihm nicht eine trügerische Sicherheit bieten.

Hesse aber bleibt lästig und unbequem: »Jedes Wort kann ebensogut sein Gegenteil bedeuten.«

So wird der Laie, der sich bisher noch auf seine Erfahrung zu berufen wagte, endgültig um den Verstand gebracht.

Und das wäre schon ein Grund, es mit der Angst zu kriegen.

Über Füchse und Igel

Es gibt keine Seelenangst, bis man Kinder hat.

Irisches Sprichwort

»Der Fuchs weiß viele Dinge, aber der Igel weiß eine große Sache.«

Vermutlich hat der griechische Dichter Archilochos zunächst nur andeuten wollen, daß der Fuchs trotz seiner sprichwörtlichen Schläue vor der einzigen Waffe des Igels kapitulieren muß.

Über den tieferen Sinn dieses Fragments ist viel gerätselt worden. Als besonders interessant erscheint die Interpretation des Gesellschaftstheoretikers Isaiah Berlin: er teilt die europäischen Dichter und Denker in Igel und Füchse ein, wobei die Igel diejenigen sind, für die es *ein* Erklärungsprinzip der Welt gibt, während die Füchse sich an eine *Vielzahl* möglicher Theorien halten.

Wo die einen glauben, die Wahrheit gefunden zu haben bzw. noch optimistisch nach ihr suchen, bestehen die anderen darauf, daß es *die* Wahrheit nicht gebe, sondern daß nur ein Nebeneinander verschiedenster Ideen der Vielfalt des Lebens gerecht werden könne.

Fuchs oder Igel – wer mag wohl auf die Dauer besser zurechtkommen? Der Grieche Archilochos scheint mehr Sympathie für den Igel und seine »große Sache« zu empfinden und auch all jene, deren Dasein in einem religiösen Glauben gründet, werden sich wohl eher dem Igel verwandt fühlen.

Andererseits kann man heute darauf verweisen, daß

der Igel – um im Gleichnis zu bleiben – genau wegen des «Wissens« seiner »großen Sache« oft nicht mehr heil über die Straße kommt: das einstmals lebensrettende Prinzip bringt ihm den Tod, wenn er sich vor einem nahenden Auto flink zusammenrollt. Die Medaille entpuppt ihre Kehrseite – was der Fuchs freilich schon immer wußte.

»Der Fuchs weiß viele Dinge« – doch ist sein Wissen ein beglückendes Wissen?

Zwei Männer machen eine Erbschaft und beschließen unter anderem, Gärtner zu werden: »... Pécuchet kaufte indischen Flieder, chinesische Rosen und Eucalyptus, der damals gerade in Mode kam. Aber alle Experimente schlugen fehl. Und jedesmal war Pécuchet sehr erstaunt.

Aber auch Bouvard stieß auf Hindernisse. Der eine holte sich Rat beim anderen. Dann schlugen sie ein Buch auf und noch eins, und da diese jedesmal gegenteilige Ansichten vertraten, wußten sie nie, wozu sie sich entschließen sollten. Puvis zum Beispiel empfiehlt den Mergel, Manuel Roret lehnte ihn ab.

Was den Gips betraf, so schienen trotz Franklins Beispiel Riéfel und Rigaud von ihm nicht begeistert zu sein. Nach Bouvards Ansicht waren die Brachfelder ein altes Vorurteil. Lerclerc jedoch verzeichnet die Fälle, wo sie fast unentbehrlich sind. Gasparin erwähnt einen Mann aus Lyon, der ein halbes Jahrhundert lang auf demselben Feld Getreide zog. Das aber wirft die Theorien der Koppelwirtschaft über den Haufen. Tull lobt über die Maßen das Pflügen der Felder auf Kosten der Düngung, und Major Heetson verwirft sogar die Düngung und das Pflügen.

Um sich auf das Wetter zu verstehen, studierten sie die Wolken nach der Einteilung von Luke-Howard. Sie beobachteten Wolken, die sich wie Mähnen hinziehen, andere, die wie Inseln aussahen, wieder andere, die an

Schneegebirge erinnerten, und versuchten, die Nimbus- von den Cirruswolken, die Stratus- von den Cumuluswolken zu unterscheiden. Aber bevor sie die richtigen Namen fanden, hatten die Wolken die Form schon wieder geändert.

Das Barometer täuschte sie, das Thermometer lehrte sie nichts; und sie nahmen ihre Zuflucht zu einem Mittel, das ein Priester aus der Touraine zur Zeit Ludwigs XIV. entdeckte. Ein in ein Glasgefäß gesperrter Blutegel sollte bei drohendem Regen steigen, bei schönem Wetter auf dem Boden des Gefäßes bleiben, und bei drohendem Unwetter sollte er auf dem Boden hin- und herkriechen. Aber der Luftdruck war fast immer anders als das Benehmen des Blutegels. Da sperrten sie vier Blutegel in das Gefäß, und alle vier reagierten verschieden.«[24]

Bouvard und Pécuchet sind – oder besser – werden zu Füchsen, wie sie Archilochos verstanden haben mag. Je mehr sie sich mit fremdem Wissen vollstopfen, desto mehr schneiden sie sich vom wirklichen Leben ab. Mit ihrem Lerneifer geht eine ständige Veränderung ihrer Standpunkte einher und weil sie unterschiedslos alle verfügbaren Informationen auf ihrer Suche nach der Wahrheit verschlingen, finden sie am Ende das »Nichts«.

Auch der Schöpfer der beiden »Herumtreiber im Wissen«, Gustave Flaubert, gibt sich als Fuchs zu erkennen, wenn er schreibt: »Das Wahre gibt es nicht! Es gibt nur verschiedene Arten des Sehens.«

Aber möglicherweise war Flaubert von Natur ein Igel, der sich nur für einen Fuchs hielt – also einer, der in Anerkennung der »verschiedenen Arten des Sehens« letztlich den eigenen Augen am meisten traut und auf diesem Wege zu einer ganz persönlichen »Wahrheit« findet.

Und das ist es wohl: von dem Standpunkt aus, daß es keinen sicheren Standpunkt gebe, kann man weder einen Garten hegen noch Kinder erziehen. Wer Kinder hat, kann sich nicht auf Vorläufigkeiten einlassen, weil er weiß, daß Erziehung etwas Endgültiges stiftet. Und er weiß auch, daß diese Kinder vor allem wissen wollen, womit es den Eltern Ernst ist.

Man stelle Bouvard und Pécuchet einmal einen Mann gegenüber, der anfangs über seinen Garten nicht mehr als eine »große Sache« weiß. Dieser Mann nimmt weder chemische Bodenanalysen vor, noch setzt er die Sonneneinstrahlung in eine biologisch-mathematische Beziehung zur Menge des von den Pflanzen produzierten Sauerstoffs – dafür aber liebt er seinen Garten über alles. Das ist seine »große Sache«, durch die sich ihm der Gegenstand seiner Fürsorge wie von selbst erschließt. Er wird sich zwar mit neuen Erkenntnissen und Ideen auseinandersetzen – niemals aber leichtfertig seine Überzeugungen an die Wissenschaft abliefern, um dafür Hypothesen zurückzuerhalten.

Auch Eltern wissen um ihre Kinder eine »große Sache«, die die pädagogischen Instrukteure nie lernen werden, weil sie nicht erlernbar ist. Und doch ist sie der Boden, auf dem jene Überzeugungen wachsen können, aus denen sich ein hilfreicher und glaubwürdiger Umgang mit Kindern und Jugendlichen ergibt.

Das Besondere des Eltern-Kind-Verhältnisses war freilich den professionellen Erziehern schon immer ein Dorn im Auge. Sie wurden nicht müde, die »privatistische Abkapselung« der Familie anzuprangern und darauf zu verweisen, daß Erziehung eine gesamtgesellschaftliche Aufgabe sei, bei der sie den entscheidenden Part zu spielen gedachten.

»Ihr wollt nur unser Bestes – doch das kriegt ihr nicht!« Diesen jugendlichen Protestspruch könnten sich durchaus auch Mütter und Väter zu eigen machen. Zum Beispiel angesichts der jüngsten Forderung der Ministerin für Jugend, Familie und Gesundheit:

»Wir überschätzen die Selbsthilfe- und Selbstheilungskraft der Familie. Darum ist es wichtig, daß sich die Fachkräfte darüber im klaren sind, was der Familie not tut.«

Für jede Familie einen Sozialwart! Schließlich gibt es über 20 000 erwerbslose Sozialarbeiter, die auch eine »große Sache« wissen – daß sie nämlich eine Anstellung brauchen. Bei allem Verständnis für die unglückselige Lage eines Menschen, der einen Beruf erlernt hat und in diesem dann nicht tätig sein kann: wer ihn auf die Familie ansetzt, leistet einen Beitrag dazu, daß ihr das Beste, was sie hat, immer mehr abhanden kommt. Wenn sie denn schon Kräfte der Selbstheilung und -hilfe einbüßte (und für viele Familien mag das durchaus zutreffen), dann doch infolge einer jahrelangen Bevormundung durch jene Sozialingenieure, die die Techniken des »social engeneering« über alles stellen.

»Die Psychoanalyse ist das Leiden, das sie zu heilen vorgibt.« Karl Kraus deutet unverhohlen an, worin das eigentliche Übel zu sehen ist – daß diejenigen, die das Leben immer nur sezieren wollen, es wohl niemals verstehen werden.

Nicht selten gehen sie vor wie einer, der seine Uhr in die einzelnen Bestandteile zerlegt und dann herauszufinden versucht, wie spät es ist.

Was außen gelingen soll, heißt es so schön, muß innen beginnen. Was deshalb zuallererst zählt, ist die Einstellung zu denen, die auf Fürsorge und Förderung angewiesen sind. Wenn diese nicht stimmt, mag sich einer getrost das gesamte Wissen über Kinder und Jugendliche, das bisher angesammelt wurde, einpauken – er kann ihnen nur schaden. Seine Erziehung muß scheitern, weil er alles weiß, aber nichts versteht.

Muttersein

Symbiose, die; -n griech. symbiosis = das Zusammenleben
(Biol.): das Zusammenleben von Lebewesen verschiedener Art zum gemeinsamen Nutzen
Duden

Ihrem Mann setzte sie ein Gericht aus giftigen Pilzen vor und förderte so die Karriere des Sohnes aus erster Ehe. Dieser erwies sich aber als wenig dankbar und trachtete gar nach ihrem Leben, weil das Gerücht ging, sie plane auch gegen ihn ein Komplott.

Dabei muß sie eine Mutter gewesen sein, wie sie kaum im Buche steht:

»Weißt du denn nicht, mein Sohn, daß alle Mütter von Natur aus ihre Kinder lieben? Unsere Liebe ist unbegrenzt, und sie wird ständig von einer Zärtlichkeit gespeist, die niemand außer uns kennt. Nichts kann uns teurer sein als das, was wir mit dem Einsatz unseres Lebens erworben haben, und nichts kostbarer als das, um dessentwillen wir solche Schmerzen und solche Pein erduldet haben. Diese Schmerzen sind so heftig und so unerträglich, daß es bald keine Zeugung geben würde, ließe uns nicht das Traumbild einer erfolgreichen Geburt unsere furchtbaren Qualen vergessen.

Ich trug dich in meinem Schoß und nährte dich mit meinem Blut. Neun volle Monate lang. Vergiß das nicht. Ist es da wohl wahrscheinlich, daß ich das teure Kind, das ich mit soviel Pein erkauft habe, um es zur Welt zu bringen, selber sollte zu beseitigen trachten? Vielleicht habe ich die gerechten Götter mit meiner allzu großen Liebe zu dir erzürnt.«[25]

Agrippina konnte ihren Sohn Nero aber nur vorübergehend besänftigen – im Jahre 59 n. Chr. läßt er sie trotz dieses Briefes auf grausame Weise durch seinen Flottenkommandanten Anicetus umbringen: die Mutter hatte sich in eines seiner diversen Verhältnisse eingemischt und mußte deshalb beseitigt werden.

Wenn man den Annalen des Tacitus glauben darf, ging es in der Familie des Lucius Domitius Nero nicht gerade idyllisch zu. So mancher stand manchem im Wege, und in der Wahl der Mittel, sich freie Bahn zu schaffen, war man nicht zimperlich. Und das »Traumbild einer erfolgreichen Geburt«, das Agrippina die Wehen vergessen ließ, konnten die Römer indirekt beim Brand ihrer Stadt 64 n. Chr. besichtigen.

»Unsere Liebe ist unbegrenzt, und sie wird ständig von einer Zärtlichkeit gespeist, die niemand außer uns kennt.« Trotz jener Mutter, die kürzlich ihr Kind in einem Park zur Welt brachte und achtlos im Schnee liegen ließ – wer wird da grundsätzlich Einspruch erheben wollen?

»Nichts kann uns teurer werden als das, was wir mit dem Einsatz unseres Lebens erworben haben . . .«. Bei allem medizinischem Fortschritt kann man sich eigentlich kaum vorstellen, daß jemand so zynisch ist und diesen besonderen Einsatz bezweifelt. Doch welche Mutter wagt dem »mir reichts!« ihrer siebzehnjährigen Tochter entgegenzuhalten: »Ich nährte dich mit meinem Blut«? »Ich habe dich nicht darum gebeten« – so etwa könnte die Antwort lauten, die das Gespräch beendet.

Nein – einem neuen Mutterblutkult kann nicht mehr das Wort geredet werden, seit mit dem Seziermesser Kulturkritik ein scharfer Schnitt geführt wurde. Aber niemanden hat man in den letzten fünfzehn Jahren wohl so »verlächelt« wie jene Frauen, die ihr Muttersein in den

Vordergrund stellten. Der Einsatz, den Frauen für Kinder zu leisten bereit waren, wurde als minderwertig abgetan: die Direktionssekretärin sticht deshalb heute eine Mutter mit Leichtigkeit aus.

Unzählige Male haben Quizmaster in den letzten Jahren diesen Sachverhalt belegt: »Darf ich Sie fragen, was Sie beruflich machen?« »Ich bin nur Hausfrau und Mutter.« »Wieviel Kinder haben Sie denn ... schaut Ihr Ehemann uns jetzt zu ...?« Der Interviewer kommt schnell zum Rätselraten, weil er weiß, daß weitere Fragen für sein Publikum nicht unterhaltsam sein werden.

Aber was könnte die Mutter im Fernsehen auch dramatisches berichten? Wen interessiert es schon, daß sie mit ihrer kleinen Tochter gestern einen Kuchen gebakken hat, denn den kann man ja schließlich auch kaufen. Soll sie davon erzählen, daß die Freundinnen ihrer kleinen Lena jetzt bereits schon zweimal morgens zur Schule gegangen sind, ohne diese – wie sonst üblich – vorher abzuholen? Was gäb's noch? Flöte spielen hat die Tochter gerade gelernt ... letzten Samstag hat sie allein den Frühstückstisch gedeckt ... kürzlich wurden ihr die Polypen herausgenommen ... seit drei Wochen bekommt sie 50 Pfennige Taschengeld und ist ganz stolz darauf ... sechs neue Zähne hat sie schon ...

Doch das sind ja alles Nichtigkeiten im Vergleich zu dem, was in der großen weiten (Berufs-)Welt passiert. Dort – und das weiß schließlich jeder, der berufstätig ist – wird das Recht auf das eigene Leben täglich eingelöst, während die Mutter immerfort nur unentgeltliche »Erziehungs- und Beziehungsarbeit« zu leisten hat.

Was werden wohl unsere Kinder später einmal sagen, wenn sie lesen, daß einerseits »Ein Herz für Kinder« proklamiert und gleichzeitig ihren Müttern vorgeworfen wurde, sie ließen sich die »reibungslose Aneignung und Ausbeutung« ihrer Arbeitskraft gefallen? Das Herz, werden sie dann erfahren, hatte nur auf dem rechten Fleck, wer kalt fragen konnte: Was kriege ich dafür?

Solidarität mit denen, die sich selbst noch nicht helfen können, ist gut und in unserer Zeit ja auch groß geschrieben – vor allem auch mit jenen, die weit weg sind. Die Benachteiligung der Kinder aber wird nur an Äußerlichkeiten wie der Zahl der Tagesheime, Krippen, Spielplätze und der Größe ihrer Zimmer festgemacht. Bei der letzten Kölner Möbelmesse kritisierte die Bundesfamilienministerin, daß deutsche Wohnungen nicht familiengerecht »geschnitten« seien.

Solidarität heißt – so jedenfalls steht es sinngemäß in jedem Lexikon – ein Herz für andere zu haben und Opfer zu bringen, ohne gleich die Gegenrechnung aufzumachen oder Dank zu erwarten. Doch welch ein Aberwitz: Karl-Heinz Böhm und Dietmar Schönherr kriegen Sendeminuten und stehende Ovationen – eine Mutter dagegen wird hingestellt als »nützlicher Idiot des herrschenden internationalen Patriarchats«.

Nicht nur für die Kinder ist zu hoffen, daß die Mütter trotz allem jenen klaren Kopf behalten:

»Wenn du richtig errätst, ob ich dir dein Kind zurückgebe, bekommst du es wieder – sonst werde ich es fressen.« So sprach das Krokodil zur Mutter. Die Mutter antwortete beherzt: »Du wirst es mir nicht zurückgeben« – und rettete damit ihrem Kind das Leben. (Hatte das Krokodil vor, das Kind zu fressen, hätte die Mutter richtig geraten und das Krokodil müßte das Kind hergeben. Hätte es ursprünglich aber genau dies beabsichtigt, dann hätte die Mutter falsch geraten und das Krokodil müßte das Gegenteil tun – und das hieße ebenfalls, das Kind herauszurücken.)

Aber was hat der klassische »Krokodilsschluß« mit dem Muttersein zu tun? Eben so viel, daß eine Mutter in der Regel noch am besten weiß, was für ihr Kind gut ist.

Vatersein

»Bevor ich heiratete, hatte ich sechs Theorien über Kindererziehung. Jetzt habe ich sechs Kinder und keine Theorie.«
John W. Rochester,
englischer Lyriker

»Mappi! Kannst du mir 'mal mein Kuscheltuch mit 'raufbringen!?« Mappi!? Haben nun auch die Kinder schon die neue Väterlichkeit entdeckt?

Aber was hat der Vater denn getan, um gleich einen neuen Trend zu begründen? Gewiß – er war bei der Geburt dabei und durfte das Neugeborene baden und wiegen. An den Wochenenden hat er die Windeln gewechselt, den Kinderwagen geschoben und die Flasche gereicht. Er hat gelernt, den Brei richtig zu temperieren, zu füttern und auf das »Bäuerchen« zu achten. Vor allem aber hat er gelernt, die Hilflosigkeit des Säuglings und die daraus resultierende Bindung zu akzeptieren.

Doch damit hat er sich ja längst entlarvt, der »Chauvi« – am Wochenende, da hat er sich sein Alibi verschafft, wohlwissend, daß er ab Montag morgen Windeln, Brei und Flasche wieder vergessen darf: »Siehst du! Das kann ich auch – aber jetzt stehen wichtigere Dinge an. Samstag springe ich wieder ein!«

Er leitet nämlich – das muß doch mal gesagt werden – eine richtige Abteilung, und die gilt bekanntlich als ein Ort, an dem »Selbstverwirklichung« stattfindet. Und das sieht im Laufe eines Tages etwa so aus: Post durchsehen, Briefe diktieren, Aktennotizen verfassen, telefonieren, Gesprächstermine wahrnehmen, sich die Sorgen von Mitarbeitern anhören, Aufträge entgegennehmen, dem

Chef berichten und schnell noch etwas vorbereiten – möglichst bis gestern. Die Tochter, das fällt ihm zwischendurch ein, schläft sowieso längst.

Aber natürlich – manches, was er so treibt, ist sehr interessant und vielleicht für den Betrieb sogar recht wichtig. In acht Stunden ist da nicht alles zu schaffen, was er sich so vorgenommen hat, zumal es bestimmt mindestens einen gibt, der den »Job« auch gern machen würde. Vorsicht ist ratsam, Absicherung bisweilen geradezu (über)lebensnotwendig. Schließlich hat man ja eine Familie zu versorgen.

Und bei der Gelegenheit erinnert sich der Vater daran, daß sein Kind der einzige Mensch auf der Welt ist, der ein absolutes Zutrauen zu ihm hat. Das Kind – es bleibt ihm freilich auch gar nichts anderes übrig – liefert sich den Erwachsenen völlig aus. Der Kontrast ist erschreckend: wie leicht ist doch im Betrieb jeder austauschbar, wie schnell sind die Kolleginnen und Kollegen vergessen, wenn sie die Firma wechseln oder die Altersgrenze erreicht haben. Die Devise heißt: Jeder ist ersetzbar! Und das gilt immer und überall – außer in der Familie.

Und vielleicht denkt der Vater abends, wenn er noch in seinem Büro sitzt, darüber nach, wie sehr Kinder einen an das Verrinnen der Zeit erinnern. Morgen, das nimmt er sich vor, morgen wird er früher nach Hause gehen. Hoffentlich kommt nichts dazwischen ...

Nein – der Vater hat keineswegs ein schlechtes Gewissen. Was ihn drangsaliert, ist weniger die Sorge, seiner Pflicht und Aufgabe als Vater nicht ausreichend nachzukommen – ihn grämt, etwas zu versäumen, was nicht wiederholbar ist. »Mit Tränen«, hat ihm kürzlich jemand gesagt, »denkt man später an jene Zeit zurück, als das Kind noch ein Kind war. Warum«, würde man sich dann fragen, »habe ich bloß so viele Gelegenheiten verschenkt, bewußt mit meinem Kind zu leben?«

Hätte der Vater nichts weiter als ein schlechtes Gewissen – damit würde er schon fertig werden! Er könnte sich sagen, daß sein Status und sein Einkommen letztlich auch seinem Kind zum Wohle gereichten, daß er ihm später so manches Hindernis aus dem Wege räumen könnte, und daß überhaupt nur ein Mann, der beruflich halbwegs zufrieden sei, ein guter Vater sein könne. Der Mensch ist eben ungemein talentiert, wenn es darum geht, Gewissensbisse aus der Welt zu schaffen.

Mit der Unwiederbringlichkeit des Versäumten allerdings wird er weniger leicht fertig. Das kann nur einer, der selbst nicht betroffen ist – zum Beispiel die ehemalige Berliner Senatorin für Familie, Jugend und Sport, Frau Ilse Reichel:

»Wenn wir wollen, daß Frauen ihre eigenen Vorstellungen von ihrem Leben auch verwirklichen können ohne ein schlechtes Gewissen, dann müssen wir ihnen Angebote machen für ihre Kinder.«

Ein Kind, so muß man die Politikerin ja wohl verstehen, verträgt sich nicht mit der Verwirklichung der eigenen Vorstellungen vom Leben. Verhüt's der Staat, daß der Schaden nicht zu groß werden möge.

Während der Vater spät abends in einer Konferenz noch schnell seine Vorstellungen vom Leben verwirklicht, beneidet er Mutter und Kind zu Hause. Dabei muß er sich allerdings von dem Arzt Hans-Martin Willomm bescheinigen lassen, daß er überhaupt keine Ahnung habe, was sich in seinen vier Wänden abspielt: »Ich meine, daß man ein Lebewesen pflegen und sich entwickeln lassen muß, und daß es dazu günstige Bedingungen braucht, und die sind nach meiner Erfahrung ganz bestimmt in der Krippe oft den Bedingungen überlegen gegenüber der Situation des ›goldenen Käfigs‹, wenn Mutter und Kind alleingelassen zu Hause in der engen Wohnung sind.«

Wie im Knast geht es also bei ihm zu Hause zu, und Schuld an allem ist die kleine Tochter, weil sie die Mutter daran hindert, an der Welt der Erwachsenen teilzuhaben, in der bekanntlich das Leben tobt. Gut, daß die Kleine nicht weiß, wie sehr sie im Wege steht.

Noch besser aber ist, daß sie nicht erfährt, was Professor Rüdiger Koch und Dr. Georg Rocholl von der pädagogischen Fachhochschule Bremen festgestellt haben:

»Totales Aufeinanderbezogensein von Mutter und Kind stellt sich in der Regel als tendenziell pathogene Entwicklungsbedingung für den Aufbau der Persönlichkeit von Mutter und Kind dar.«

Wie krank muß eine Gesellschaft sein, die auf die These verfällt, daß Mutterliebe krank mache, und daß es deshalb erforderlich sei, »diese bilaterale Beziehungsstruktur wenigstens zeitweise durchbrechen zu helfen«.

Natürlich gibt es vermutlich nicht wenige Mütter, die sich völlig isoliert fühlen – doch mit solchen Argumenten, argwöhnt der Vater, nähern sich die falschen Freunde, die vor allem das Gedeihen ihrer Betreuungseinrichtungen im Sinne haben: Wann endlich kriegt der Staat die Kinder?

Doch wo dem Staat Einfluß zuwächst, ist meist auch jemand, der dies zuläßt. Und da darf sich der Vater wohl an die eigene Nase fassen: wer sich für ein Kind entscheidet – das gilt gewiß für den Mann wie für die Frau –, setzt in seinem Leben eine neue Priorität. Vielleicht ist sich so mancher stolze Vater gar nicht darüber im klaren, daß er aus dem Familiendreieck eine Gerade hat werden lassen, an deren einem Endpunkt die Mutter seufzt:

»Immer nur Kathrin? Morgens, mittags, abends – Montag, Dienstag, Mittwoch ... ich liebe mein Kind über alles – aber immer nur ich!«

Nein – sagt sich der Vater – ich darf meine Frau mit dieser Aufgabe nicht allein lassen. *Einer* gibt einem Kind

Hepp!
Dein natürliches Talent zur Kinderbetreuung wird dich sshon das Richtige zur rechten Zeit tun lassen. Übermorgen oder über-über-morgen bin ich wieder zurück!
PAMPER'S
M. M.

nicht das, was *zwei* ihm geben könnten. Aber die Karriere, der Lebensstandard, das Bruttosozialprodukt? Wahre Kinderliebe, so muß das bittere Eingeständnis lauten, paßt nicht zu solchen Stichworten. Nichts belegt dies deutlicher als die Tatsache, daß die Deutschen glauben, sich nicht mehr als 1,7 Kinder (!) pro Familie leisten zu können.

Der Vater jedoch, der sein Kind liebt und von ihm etwas gelernt hat, wird möglicherweise eines Tages das Bruttosozialprodukt in einem anderen Lichte sehen – und für Max Frisch empfänglich sein:

»Schlag acht Uhr kamen sie jedesmal aus dem Lift, hängten ihre Mäntel an den Haken, knisterten einen Imbiß aus der Tasche und setzten sich wieder an ihre Arbeit, an ihre Reißbretter oder Schreibmaschinen, gehorsam, gewissenhaft wie ein Milchwagenroß, das seine tägliche Strecke kennt, noch wenn man ihm den Kopf abschlagen würde! Einer rupft jedesmal den Kalender ab.

›Freitag!‹ sagte er, ›in einer Woche gibt es Zahltag.‹

Es ist das Dasein der meisten: ein Dasein von Sklaven, die sich freuen, daß schon wieder ein Monat ihres Lebens vorüber ist. (...) Sommer mit zitternder Bläue, Wind in den Gräsern, Wälder in rauschendem Regen: all das verkaufen sie, um leben zu können. (...) Und eben darum sitzen sie an diesen Tischen, bücken sich über eine Schreibmaschine oder einen Rechenschieber, während draußen ihr eigenes Leben vergeht. Das ist die große Galeere. Sie sehen, daß alle es müssen, fast alle; sie tragen es fast ohne Anflug von Verzweiflung. Ein anderes Dasein ist ihnen nicht möglich; so muß es wohl das wahre sein. Sie können sich ein anderes schon nicht mehr denken –«.[26]

Wahrscheinlich hat er recht, der Schweizer – und gut reden. Denn natürlich hat der Vater auch bemerkt, daß sein Kind ihm eine völlig andere Welt erschließt – aber er weiß auch, daß Miete, Hypotheken und andere Verpflichtungen weiterlaufen. Letztlich weiß er also, daß er als Vater alles andere als »privatisieren« kann – aber morgen –, morgen wird er gewiß kürzer treten und etwas früher nach Hause gehen ...

Buridans Esel

»Ich liebe meinen Papagei. Das einzige Lebewesen, das nicht seine Schlagwörter wechselt!«
Max Frisch, Biedermann und die Brandstifter

Wenn eine Mutter ihrem Kind nicht das gibt, was sie ihm geben könnte, macht nicht selten der Vater etwas falsch. Oder anders: Kinder brauchen Eltern, die zusammenstehen und die die Erziehung als eine gemeinsame Aufgabe verstehen, die Einigkeit verlangt.

Wie aber wäre eine Übereinstimmung in erzieherischen Fragen herzustellen, wo doch jede These zwangsläufig ihre Anti-These hervorruft? »Gewaltdarstellungen im Fernsehen machen aggressiv!« – »Nein – im Gegenteil! Sie dienen der Aggressionsabfuhr!« Während die »Pädagogiker« unentwegt streiten, müssen Eltern entscheiden, was für ihr Kind gut oder schlecht ist.

Es gibt hier wohl nur eine Position, auf die Mütter und Väter sich einigen könnten:

Nichts ist zu beweisen und nichts zu widerlegen!

Auf diese Weise bekämen Eltern die Freiheit zurück, ihr Kind als einmaliges und einzigartiges Individuum zu sehen und Erziehung als Entscheidung unter ebenfalls einmaligen und einzigartigen Verhältnissen zu begreifen.

Vor allem aber könnten die Eltern wieder sich selbst treu und damit gegenüber ihren Kindern – dieses altmodische Wort sei erlaubt – wahrhaftig sein. »Jahre mit Kindern«, heißt es, »sind Jahre der Selbsterziehung.« Kinder und Eltern können sich in ihrer Entwicklung wechselseitig fördern, wenn sich letztere nicht durch geborgte Theorien und Modelle an die Leine legen lassen.

Dem französischen Scholastiker Johannes Buridan wird das Gleichnis vom Esel zugeschrieben, der zwischen zwei Heuhaufen verhungert, weil er sich für keinen entscheiden kann. In einer anderen Version ist von zwei Eseln die Rede, die – an einer kurzen Leine zusammengebunden – angesichts zweier Heubündel verhungerten, weil jeder den anderen hartnäckig für den besseren hielt.

Nichts ist in Erziehungssachen wissenschaftlich zu beweisen und nichts zu widerlegen! Eltern, die sich darauf haben einigen können, werden es niemals zu einem Gezerre um den rechten Umgang mit ihrem Kind kommen lassen. In Anbetracht der Tatsache, daß woanders nicht viel zu holen ist, werden sie sich statt dessen darauf besinnen, wie die Fähigkeit der Familie zu entwickeln wäre, für sich selbst einzustehen. Und mit Amusement könnten sie dann besichtigen, wie die Intelligenzarbeiter ihre Erlösungsversprechen von einem Schlagwort auf das nächste verlagern – vermutlich längst ahnend, daß sie Müttern und Vätern gar nichts mehr zu sagen haben.

»Wir überschätzen gegenwärtig die Selbsthilfe- und die Selbstheilungskraft der Familie. (...) Darum ist es wichtig, daß sich die Fachkräfte darüber klar sind, was der Familie nottut.« Der Bundesministerin für Jugend, Familie und Gesundheit sollten Eltern entgegenhalten, daß die Entmündigung oft als Rat des Fachmannes daherkommt.

Das alles ist nicht neu für jene, die mit Geschichten aufgewachsen sind. Wer Eltern mit einer glücklichen Hand bei der Auswahl von Geschichten hatte, der kennt gewiß viele von den 100 Erzählungen, Rätseln und Berichten, die Johann Peter Hebel im Jahre 1811 als

»Schatzkästlein« zusammenstellte. Die hier gehört ganz bestimmt dazu:

»Ein Mann reitet auf seinem Esel nach Haus und läßt seinen Buben zu Fuß nebenher laufen. Kommt ein Wanderer und sagt: ›Das ist nicht recht, Vater, daß Ihr reitet und laßt Euern Sohn laufen; Ihr habt stärkere Glieder.‹ Da stieg der Vater vom Esel herab und ließ den Sohn reiten. Kommt wieder ein Wandersmann und sagt: ›Das ist nicht recht, Bursche, daß du reitest und lässest deinen Vater zu Fuß gehen. Du hast jüngere Beine.‹ Da saßen beide auf und ritten eine Strecke. Kommt ein dritter Wandersmann und sagt: ›Was ist das für ein Unverstand, zwei Kerle auf einem schwachen Tiere? Sollte man nicht einen Stock nehmen und euch beide hinabjagen?‹ «[27]

Wir erinnern uns: Vater und Sohn steigen ab und gehen zu Fuß neben dem Esel her. Doch darüber zeigt sich alsbald ein vierter Wandersmann belustigt und empfiehlt, daß wenigstens einer von beiden auf dem Esel reiten möge.

Daraufhin binden die beiden dem Tier die vorderen und hinteren Beine zusammen, ziehen einen Baumpfahl hindurch und tragen es auf den Schultern nach Hause.

»Soweit«, schließt Johann Peter Hebel seine Geschichte aus dem »Schatzkästlein des Rheinischen Hausfreundes«, »kann's kommen, wenn man es allen Leuten will recht machen«

Wer hat sich nicht schon die Frage gestellt, zu welcher Zeit er lieber hätte leben mögen als in der seinen. Hartmut von Hentig, der Bielefelder Pädagoge und Erziehungswissenschaftler (!), zöge das ausgehende 18. Jahrhundert und den Anfang des 19. Jahrhunderts vor:

»Die Welt war damals sicher nicht heil, aber ihr Unheil hatte menschliche Dimensionen; (...); die Menschen konnten mit der Welt fertigwerden – sie hatten sich ja nicht vorgenommen, den Turm zu Babel neu zu bauen (...).«[28]

Damals – und darin gründet wohl die Sehnsucht – war die Welt noch »erzählbar«. Die heutige hingegen »verlangt Analyse, selbst unsere Erlebnisse stammen aus der Theorie, wir ersetzen das Bild durch Dauerkommunikation«.

Die Erzählbarkeit der Welt als Eigenschaft einer Welt, in der Menschen, junge und alte, über viele kleine Geschichten einander erleben und miteinander leben – das wäre etwas! Entscheidend dabei aber ist, daß *wir* uns die Geschichten erzählen, daß sie von dort kommen, »wo das Leben konkret ist« – von unten.

Von da kommen zum Beispiel auch die Geschichten Johann Peter Hebels, und man merkt ihrem Anfang bereits an, daß sie wahr und wirklich sind, auch wenn er sie sich ausgedacht hat:

»In einem unscheinbaren Dörfchen am Rhein saß eines Abends...«

»In Rohrbach, einem badischen Dorf bei Gochsheim, wurde vor 68 Jahren einem armen Taglöhner...«

»Am 13. April, zwar schon vor 9 Jahren, ging in Ungarn...«

»Ein italienischer Kaufmann, der auf die Frankfurter Messe reisen wollte, hatte sich in Stuttgart...«

Und zum Schluß vielleicht noch diese Kostprobe:

»Der Mensch hat wohl täglich Gelegenheit, in Emmendingen und Gundelfingen so gut als in Amsterdam Betrachtungen über den Unbestand aller irdischen Dinge anzustellen, wenn er will, und zufrieden zu werden mit seinem Schicksal...«.

So beginnt Hebel die Geschichte vom »Kannitverstan«, und sie ist für den Erwachsenen doppelt vergnüglich, weil er sie gewiß bereits einmal gehört hat, als er noch ein Kind war. Und er erinnert sich daran, daß es den Herrn Kannitverstan in Wirklichkeit gar nicht gab, sondern daß er aufgrund eines sprachlichen Mißverständnisses nur im Kopf eines deutschen Handwerksburschen existierte – aber dort eine recht nachhaltige Wirkung erzielte:

»... und ward von der holländischen Leichenpredigt, von der er kein Wort verstand, mehr gerührt als von mancher deutschen, auf die er nicht achtgab. Endlich ging er leichten Herzens mit den anderen wieder fort, verzehrte in einer Herberge, wo man Deutsch verstand, mit gutem Appetit ein Stück Limburger Käse, und wenn es ihm wieder einmal schwerfallen wollte, daß so viele Leute in der Welt reich seien und er so arm, so dachte er nur an den Herrn Kannitverstan in Amsterdam, an sein großes Haus, an sein reiches Schiff und an sein enges Grab.«

Hans Christian Andersen, die Gebrüder Grimm, Johann Peter Hebel – ihre Welt ist erzählbar. Ihre Geschichten sind mit Rasterpunkten zu vergleichen, von denen jeder seinen Beitrag leistet, um uns ein Bild von der Welt zu geben. Der einzelne Punkt ist nichts und zugleich alles, weil er immer auf das Ganze weist bzw. dies bereits enthält. Auch Irrtümer haben hier ihren Platz, sie geben die Schattierungen ab, ohne das Gesamtbild ins Groteske zu verzerren.

Wie anders klingen da doch die Geschichten unserer Zeit. Sie möchten den Anschein erwecken, als würde etwas auf den Punkt gebracht, obwohl sie doch unübersehbar als Schlag-Zeilen daherkommen.

Wer ihnen glaubt, wird sich und anderen niemals ein Bild machen können, weil sie den Sinn für Nuancen, Übergänge und Schattierungen allmählich betäuben.

Schlag- und Stich-Worte zur Erziehung

»Ob das Elend in Deutschland zugenommen hat, weiß ich nicht, die Interjektionszeichen haben gewiß zugenommen. Wo man sonst bloß ! setzte, da steht jetzt !!!«

Lichtenberg

»Go and explode!« Mit diesem Abschiedsgruß pflegen Amerikaner ihre Raumfähren ins Weltall zu schießen.

»Hals- und Beinbruch« rufen wir jemandem salopp nach, wenn er sich auf eine Sache mit ungewissem Ausgang einläßt und erhalten diesen Wunsch mit einem »wird schon schief gehen« quittiert. Und Kinder singen bekanntlich im dunklen Wald, um lauernde Unholde zu verscheuchen.

Seit jeher werden Unternehmungen, die ein gewisses Wagnis bedeuten, mit Beschwörungen und Ritualen auf den Weg gebracht, und man muß zugestehen, daß es sich hierbei um probate Mittel handelt, um die Angst vor der Angst in den Griff zu bekommen. Die pfeifenden Kinder im nächtlichen Wald hoffen, daß ihre Demonstration der Unverzagtheit mögliches Unheil abwendet.

»Go and explode!« Solch vorsätzlicher verbaler Übermut wurde am 28. Januar 1986 beim Start von »Challenger« recht plötzlich korrigiert, als das Chaos über die »Herausforderer« kam. Und zum stummen Entsetzen gesellte sich bei manchem gewiß auch jene Bescheidenheit, die im Umgang mit der Technik ja keine schlechte Tugend ist.

»Technik als Kniff, die Welt als Widerstand aus der Welt zu schaffen«, heißt es bei Max Frisch in ›Homo faber‹, »beispielsweise durch Tempo zu verdünnen, damit wir sie nicht erleben müssen.«[29] Genau dies war damals am dunkelblauen Himmel von Cape Canaveral zu besichtigen.

Jene Lektion, die die Ingenieure beizeiten von ihrem Höhenflug auf den Boden der harten Tatsachen zurückholt, bleibt den Pädagogen, Psychologen oder Soziologen erspart. Wenn sie mit Getöse geistig abheben, bricht sich ihre Klientel, die ihnen zu folgen sucht, erst viel später in aller Stille den Hals. Eines aber wissen die Experten vom Menschen und über die »Seele im technischen Zeitalter« recht genau: »Die Nachricht muß gepfeffert sein, die Schlagzeile erregend, das Bild sensationell, um gegen die Apathie der Überfütterten oder gegen ihr vorsätzliches Vergessenwollen anzukommen.«[30]

In Bescheidenheit, mögen sie sich sagen, ist da nichts auszurichten. Und auf diese Weise entsteht neben der Wirklichkeit allmählich jene Scheinwelt der hochtrabenden Worte, die gern für die richtige genommen wird.

Trotz allem haben die im folgenden vorgestellten Schlag- und Stich-Worte zur Erziehung durchaus ihre Verdienste. Man muß die Auskünfte, die sie geben, allerdings in dem Sinne relativieren wie es Radio Eriwan tut:

»Im Prinzip ja. Aber ...«

Leistungsdruck – oder Wie viele Menschen haben Heuschnupfen?

Im Jahre 1959 befragten Meinungsforscher des Instituts für Demoskopie Allensbach einen repräsentativen Teil der Bürger, ob sie unter Heuschnupfen litten. Das Ergebnis damals: zwölf Prozent der Befragten hatten eine Allergie gegen Blütenpollen. Als diese Umfrage 1985 wiederholt wurde, belief sich das Resultat abermals auf zwölf Prozent, und man hätte die Sache als herzlich uninteressant vergessen können.

Aber die Forscher legten ihren Probanden jeweils noch eine zweite Frage vor: »Kennen Sie jemanden, der unter Heuschnupfen leidet?« Während 1959 diese Frage von 33 Prozent bejaht wurde, kannten 1985 nicht weniger als 60 Prozent der Befragten Leute mit Heuschnupfen.

Wie mag das angehen? Da bei beiden Umfragen die Zahl derjenigen, die sich als Allergiker bezeichnet hatten, gleich geblieben war, kann eigentlich von einer vehementen Steigerung der Krankheitsrate nicht ausgegangen werden. Und mit der These, daß Pollenallergiker heute mehr Bekannte haben als früher, mochten sich die Demoskopen auch nicht anfreunden. Statt dessen verfielen sie auf eine Erklärung, die zwar nicht wissenschaftlich abgesichert ist, dafür aber trotzdem recht nachdenklich stimmt: Allergien sind heute im Vergleich zu 1959 im Gespräch, sie sind ein Thema, das von den Medien regelmäßig und dankbar aufgegriffen wird. Und so mag es dann gekommen sein, daß auf einmal mindestens jeder zweite Allergiker einen Leidensgenossen kennt.

Der Leser möge nachsichtig sein – aber an dieser Stelle muß noch einmal Gabriel Laub, der Satiriker, erwähnt werden. Zwar äußert er sich zu einer ganz anderen leibseelischen Beeinträchtigung, obwohl – so abwegig scheint die Sache im Vergleich gar nicht zu sein: »Jede Krankheit verbreitet sich schnell, wenn sie erst einmal entdeckt ist. So auch die Midlife crisis. Zum Beispiel ein Bekannter von mir, Manager in einer großen Firma, hat unterwegs von einer großen Konferenz in New York im Flugzeug so ein Buch gelesen, durch einen Blick in seinen Terminkalender festgestellt, daß er demnächst fünfzig wird, und sofort hat er bei sich alle Symptome der Krise der Mitte des Lebens gefunden.«[31]

Nun soll keineswegs behauptet werden, daß der Heuschnupfen aus dem Kopf beziehungsweise aus den Medien kommt, wie etwa Loriots gemeine Steinlaus. Es könnte aber sein, daß so manches Syndrom aus den genannten Gründen hinsichtlich seines Beschwerdegrades, seiner Deutung und vor allem seiner Verbreitung falsch eingeschätzt wird.

Hängt der immer wieder beklagte Leistungsdruck, dem unsere Kinder ausgesetzt seien, vielleicht teilweise auch damit zusammen, daß wir oft genug von ihm hören oder lesen? Immerhin kann man seelische Bedrückungen und Komplexe auch dadurch hervorrufen, indem man die erbarmungswürdige Lage eines Menschen unentwegt »bespricht«. Irgendwann beginnt er dann, ängstlich in sich hineinzuhorchen und entdeckt mühelos, was andere bei ihm längst diagnostiziert haben. Es geht los mit einem diffusen Unbehagen gegenüber allem, was Leib und Seele leidlich fordern könnte; dann bauen sich Widerstände auf, die zunehmend als unerquicklich erlebt werden, und so ganz allmählich kommt ein verführerischer Gedanke auf: Das ist ja doch nicht zu schaffen – und dieses Gedöns um Noten und Punkte – was bringt das schon angesichts eines gnadenlosen Numerus clausus? Und wenn ich den Schulabschluß habe – wer garantiert mir denn, daß ich überhaupt einen Ausbildungsplatz bekomme? Und selbst wenn ich den ergattere ...

So sehr solche Fragen teilweise gerechtfertigt sind, so tückisch sind sie auch, weil sie die Energiequellen allmählich versiegen lassen. Und dann beginnt die Schule wirklich krank zu machen.

Als in der Medizin die bakteriologische Ära begann, glaubte man, über die Entdeckung des Erregers auch die jeweilige Infektionskrankheit schnell in den Griff zu bekommen, und die alte Erfahrung von den Widerstandskräften des Körpers interessierte auf einmal niemanden mehr. Den Hygieniker Pettenkofer ärgerte das so sehr, daß er damals eine lebende Kultur Cholerabazillen trank und durch sein Überleben bewies, daß der Erreger allein noch keine Krankheit macht.

Widerstandskräfte erwachsen einem aus der positiven Einstellung, aus dem Vertrauen in die eigene Leistungsfähigkeit: »Du wirst es schon schaffen« ist deshalb allemal besser als »Ihr seid doch Opfer eines unerträglichen Leistungsdrucks«. Verschnupft könnten darüber nur diejenigen sein, die noch immer gerne den Hebel der Systemveränderung bei den Jungen ansetzen möchten.

Verständnis – oder Von Mord und Totschlag

Am 18. Februar 1986 meldet die Deutsche Presseagentur, daß ein sechzehnjähriges Mädchen und ein gleichaltriger Jugendlicher zwei Menschen umgebracht haben. Als Grund gaben beide an, daß sie die Bevormundung durch Erziehungsberechtigte leid waren.

Bei den Ermittlungen stellte sich heraus, daß das Mädchen schon seit langem Probleme mit den Erziehungsmaßnahmen ihres Vaters hatte. Vor der Polizei sagte sie unter anderem, daß sie sich von ihm tyrannisiert und bevormundet fühle, weil dieser mit ihren Freundschaften nicht einverstanden war.

Als das Mädchen in der väterlichen Wohnung Besuch von zwei Freunden bekam, beklagte sie sich bei ihnen über den Vater, worauf beschlossen wurde, den im Nebenzimmer schlafenden Mann zu töten. Einer der beiden Jugendlichen schlug dem arglosen Opfer ein Bügeleisen auf den Kopf, der andere stach mit einem Messer auf ihn ein und das Mädchen mit einer Schere.

Im zweiten Fall geht es um einen sechzehnjährigen Gymnasiasten, der seine Großmutter, bei der er seit seiner Kindheit aufwuchs, mit einem Gummiknüppel erschlug. Die 78jährige Frau hatte die schlechten schulischen Leistungen des Jungen des öfteren bemängelt und ihm wegen seiner Freundin Vorhaltungen gemacht.

Bügeleisen, Messer, Schere und Gummiknüppel – warum kommt es zu solchen Taten? Inghard Langer, ein Experte für Erziehung, gibt die folgende Auskunft:

»In den meisten Fällen hat Gewalt in der Familie eine lange Vorgeschichte. Kinder fühlen sich von ihren Eltern nicht verstanden und umgekehrt.«

Eine durchweg ärgerliche Erklärung, auch wenn man nichts Näheres darüber weiß, wie der Vater und die Großmutter mit denen umgingen, durch deren Hand sie starben. Verständnis ist für die gedeihliche Entwicklung eines Kindes unerläßlich – aber für alles Verständnis haben, kann heißen, daß man auch alles ohne Umstände akzeptiert und verzeiht. Solche *Umstände* sind aber das mindeste, was Kinder von den Erwachsenen verlangen können, denn andernfalls wachsen sie in der Haltung auf: Ob so oder so – egal! Dem Teufel, sagt man, braucht nichts Böses einzufallen, weil es genügt, das Gute zu übertreiben.

Der oben erwähnte Professor beklagt angesichts der geschilderten Bluttaten, daß in den Familien nicht offen über Konflikte gesprochen werde. Das ist genau jene modische Schönwetterformel, mit der es sich die Fachleute seit Jahren leichtmachen. Sie müssen vergessen haben, wie das eigentlich war, als sie selbst mit 16 Jahren ihre Zwistigkeiten zu Hause hatten: Konflikte waren und sind in diesem Alter das Thema Nr. 1, und meist geht es da recht direkt zu. Verschwiegen wird auch, daß sich Jugendliche nicht selten über jene mokieren, die mit ihrer Attitüde des Verständnis-Zeigens nur dokumentieren, daß sie überhaupt nichts verstanden haben. Geradezu unerträglich finden sie aber gewiß diejenigen, die aufgrund ihres vermeintlichen »Wissens um die Jugend« mit dem beständigen Lächeln der Eingeweihten daherkommen – als hätten sie wie römische Priester aus der Eingeweideschau höchst exklusive Kenntnisse über den Lauf der Welt gewonnen.

Wahrscheinlich besaß jener ermordete Vater wenig psychologisches Wissen über junge Mädchen, verstand dafür aber um so besser, in welcher Gefahr seine Tochter schwebte. Er hatte etwas gegen ihren Umgang und lag – wie sich auf makabre Weise bestätigte – mit seiner negativen Einschätzung todsicher. Ihm nun ins Grab hinterher zu rufen, daß er es am Verständnis habe mangeln lassen, klingt zynisch.

Wer für Kinder und Jugendliche verantwortlich ist, hat bisweilen die unangenehme Aufgabe – eben weil er sie *versteht* – ihnen sein Verständnis für das eine oder andere zu verweigern. Erziehung heißt gerade nicht, die Dinge laufen zu lassen, sondern heißt, Grenzen zu setzen, sich da in den Weg zu stellen, wo einem das Gefühl sagt, daß etwas nicht in Ordnung ist. Mit Bevormundung hat das noch lange nichts zu tun. Und wenn jemand beseitigt wird, weil er so verfährt, dann kann das auch ein Indiz dafür sein, daß Jugendliche aus einer falsch verstandenen »Toleranz« heraus dazu ermuntert werden, sich mit allen Mitteln freie Bahn zu schaffen.

Vorbilder – oder Weiß denn keiner, wo es längsgeht?

»Als der Medikus zu dem Unglücklichen kam, fand er ihn an der Erde ohne Rettung, der Puls schlug, die Glieder waren alle gelähmt, über dem rechten Auge hatte er sich durch den Kopf geschossen, das Gehirn war herausgetrieben.«

Der Mann, der so endete, wurde zur Kultfigur mehrerer Generationen. Unzählige junge Männer kleideten sich nach seinem Vorbild mit einer gelben Weste, einem blauen Frack und braunen Stulpenstiefeln – etliche jagten sich wie er eine Kugel in den Kopf. Um 1775 grassierte das »Werther-Fieber«.

In keinem Roman der Weltliteratur ist wohl der Anfang vom Ende so schön, wie in Goethes »Werther«:

»Ich ging durch den Hof nach dem wohlgebauten Hause, und da ich die wohlgebauten Treppen hinaufgestiegen war und in die Tür trat, fiel mir das reizendste Schauspiel in die Augen, das ich jemals gesehen habe. In dem Vorsaale wimmelten sechs Kinder, von eilf zu zwei Jahren, um ein Mädchen von schöner mittlerer Taille, die ein simples weißes Kleid mit blaßroten Schleifen an Arm und Brust anhatte. Sie hielt ein schwarzes Brot und schnitt ihren Kleinen ringsherum jedem sein Stück nach Proportion ihres Alters und Appetites ab, gab's jedem mit solcher Freundlichkeit, und jedes rufte so ungekünstelt sein ›Danke!‹, indem es mit den kleinen Händchen lang in die Höh gereicht hatte, eh es noch abgeschnitten war, und nun mit seinem Abendbrote vergnügt entweder wegsprang oder nach seinem stillern Charakter gelassen davon nach dem Hoftore zuging, um die Fremden und die Kutsche zu sehen, darinnen ihre Lotte wegfahren sollte.«

So nahm denn die Dreiecksgeschichte ihren verhängnisvollen Lauf und fand einen bisher nie dagewesenen Widerhall. Und weil sie so sehr den Nerv der damaligen Zeit traf, verteufelte der Hamburger Hauptpastor Johann Melchior Goeze den »Werther« als »Lockspeise des Satans«, sah der Pädagoge Joachim Heinrich Campe in dem Roman eine Gefährdung der bürgerlichen Pflichterfüllung und beantragte der Dekan der theologischen Fakultät zu Leipzig ein Verbot. Es wurde tatsächlich ausgesprochen, und noch 50 Jahre nach Erscheinen des Buches war es in Leipzig gesetzlich verboten, sich wie Werther zu kleiden. Die Wirkung wurde dadurch eher noch gefördert, und der Mann – bei Erscheinen des Werkes ist er gerade fünf Jahre alt –, der später fast ganz Europa unterjocht, liest den »Werther« siebenmal und führt mit Goethe in Erfurt ein Gespräch über ästhetische Fragen.

Was ließ die »Lockspeise des Satans« so schmackhaft erscheinen? Hans-Wolf Jäger schreibt in einem Nachwort: »Werther besteht darauf, sein Ich gegen die Zumutungen seiner Umwelt, gegen die Forderungen der Gesellschaft zu verwirklichen. Weit mehr als Verstand und Talent bedeutet ihm das ›Herz‹. Er beruft sich auf die Unmittelbarkeit des Gefühls ...«[32]

In Werther's Leidensweg erkannte sich die junge Generation der damaligen Zeit wieder und empfand seinen Freitod als konsequent: »... beleidigt durch das, was die Gesellschaft ihr bewilligte«, hielt sie es für recht nutzlos, in der Welt der Väter erwachsen zu werden.[33] Für diese Einschätzung hatte sie ihr Vorbild gefunden.

Ein Vorbild ist eine Person, die zur Leitlinie des eigenen Verhaltens wird, indem man sich mit ihren Eigenschaften identifiziert. Es ist der personifizierte Fixpunkt, an dem man sein Leben ausrichtet, der einem Halt und Orientierung bietet. Und das kann manchmal lebensgefährlich sein.

Das war es zum Beispiel, als Mr. Jones, der ehemalige Chef des Wohnungsamtes von San Francisco, beschloß, sich zum »Bischof« zu ernennen und eine Sekte namens »Tempel des Volkes« zu gründen. Seine Anhänger hofften durch »Dad Jim«, wie sie ihn zärtlich nannten, von der vermeintlichen Sklaverei ihrer bürgerlichen Existenz befreit zu werden und folgten ihm deshalb nur zu bereitwillig in die Sklaverei nach Jonestown. Dort, im guyanischen Dschungel, unterwarf er seine Jünger dann einer »Isolationsfolter«, die ihre Persönlichkeit bereits vernichtet hatte, ehe sie am 18. November 1978 auf seinen Befehl hin Zyankali schluckten.

Mehr als 900 Menschen hatten sich damals in »Vater Jones« tödliche Umarmung begeben, weil sie zu Hause nicht fanden, was sie suchten – richtiger: weil sie kein Zuhause hatten. Sie waren entwurzelt, heimatlos und damit ohne jegliche gesellschaftliche Bindungen, die letztlich ja auch einen wichtigen seelischen Halt bedeuten. Ein derartiges Vakuum macht anfällig für Heilsangebote, läßt Leute vom Schlag eines Jim Jones, Charles Manson oder Ron Hubbart (»Scientology Church«) zum Zuge kommen.

Was passiert da im Kopf derjenigen, die sich total an jemanden verlieren? Sigmund Freud stellte sich das so vor: Ein Mensch, der nicht weiterweiß, hält in der Regel Ausschau nach einem, der ihm den Weg zu weisen vermag. Dabei klammert er sich in seiner Hilflosigkeit allerdings nicht an jeden x-beliebigen, sondern an denjenigen, der sich durch ein wie auch immer geartetes »Anders-Sein« auszeichnet. So war zum Beispiel in früheren

Zeiten die Epilepsie als »morbus sacer« das Indiz für eine besondere »Führereignung«. Im Sinne Freuds kommt es dann dazu, daß dieser sich von der breiten Masse »charismatisch« abhebenden Person besondere Kräfte zugeschrieben werden – eben jene Kräfte, die vonnöten sind, um eine mißliche Lage zu überwinden.

Wenn man nun tatsächlich auch an jene Macht glaubt, die man da auf einen »Auserwählten« projiziert hat, ist es nur konsequent, sich diesem zu unterwerfen. So wird das System stimmig und profitabel: im letzten Schritt dieser Sequenz kann man sich jetzt mit der Leitfigur identifizieren und dadurch an seiner (vermeintlichen) Macht teilhaben. Der Mechanismus von Projektion, Unterwerfung und Identifikation läßt eine unglückselige Situation nicht mehr als ausweglos erscheinen: »Und wir wären rettungslos umgekommen«, fabuliert der Lügenbaron, »wenn ich mich nicht, ohne mich lange zu besinnen, mit der eigenen Hand am eigenen Haarzopf aus dem Sumpf herausgezogen hätte!«

Die Sache hat also zweifellos ihre Vorzüge, weil sie dem Hilflosen nicht nur hilft, seine Verzagtheit und Resignation abzustreifen, sondern weil sie ihn regelrecht vitalisiert. Die Crux ist dabei nur, daß man schnell an den Falschen geraten kann und – wie die Geschichte belegt – auch immer wieder geraten ist. »Wir brauchen«, schrieb Kurt Tucholsky Anfang der 30er Jahre, »einen Diktator wie Max Schmeling.« Wäre es doch der ewige Boxweltmeister aus Klein-Luckow anstelle des anderen geworden! Es sind leidvolle Erfahrungen, die für viele das Leitbild zu einer zwiespältigen Angelegenheit haben werden lassen.

Und die Jugend? Wie lange hält Boris Becker vor, auf dessen Vorbild-Funktion vor allem eine Großbank setzte? Und wo, fragt sich vor allem der Vater, der eine kleine Tochter hat, wo bleibt er selber eigentlich?

Aus einer Langzeitstudie erfährt er bekümmert, daß in den 50er Jahren immerhin noch 16 Prozent der Jugendlichen die Eltern als Vorbild akzeptierten – heute sind es gerade noch drei von hundert. Wie wird er einmal dastehen? Woran wird die Tochter ihn messen? Noch ist es nicht allzu schwierig, sich vorbildlich zu verhalten: er versucht, jene Verhaltensweisen, die er von seiner Tochter erwartet, auch selbst zu praktizieren. Ob er ihr aber später einmal jenen Halt geben kann, der in echten Überzeugungen wurzelt, kann er nur hoffen. Noch setzt er da ganz unbescheiden auf das, was er ihr heute zu vermitteln sucht: Umarme das Leben – damit du dich nicht eines Tages an einen fürchterlichen Verführer verlierst.

Gehorsam – oder Keine Macht für niemand

Für den siebenjährigen Liebling der Eltern gelten nach erfolgter gründlicher Erläuterung u.a. diese Ver- und Gebote:

Du gehst nicht allein über die Schenefelder Landstraße!

Du ziehst dir keine Plastiktüte über den Kopf!

Du steigst in kein fremdes Auto!

Du gehst mit niemandem mit, den du nicht kennst!

Du schmeißt kein Papier in den Garten oder auf die Straße!

Du spielst nicht noch einmal mit deinen Freundinnen am Pflaumenbaum »Aufhängen«!

Du machst die Haustür nicht auf, ohne vorher zu fragen, wer da ist!

Du sitzt im Auto hinten und gurtest dich an!

Du fährst nicht barfuß mit deinem Fahrrad!

Du putzt Dir vor dem Schlafengehen die Zähne!

Du...

Jahrzehntelang wurde Müttern und Vätern die These um die Ohren geschlagen, daß die Weichen für die Entwicklung eines faschistischen Charakters in der Familie gestellt würden. Die Zürcher Psychoanalytikerin Alice Miller ging 1980 in ihrem Buch »Am Anfang war Erziehung«[34] so weit, die Familie »als Brutstätte des Hasses« und die Erziehung als »Mord am Kind« zu verteufeln. Autoritäre Eltern, so das Resumée der Wissenschaftlerin, »verfolgen« im Kind den »inneren Feind«. Ihr Anspruch auf Fügsamkeit unterdrücke alles »Lebendige, Kreative und Emotionale«.

Wenn ein Wissenschaftler sich erst einmal einer These verschrieben hat, wird er manchmal zum Meister einer ganz exquisiten Kunst: es gelingt ihm mühelos, Tatsachen »wegzuerklären«.

Tatsache ist wohl, daß Eltern das »Lebendige« nicht nur unterdrücken, sondern eventuell gar aus der Welt schaffen, wenn sie nicht auf einer Vielzahl von Ge- und Verboten mit ihrer ganzen Autorität beharren. Wer eine Straße vor dem Haus und Kinder drinnen hat, fragt sich verwundert, wie ein Theologe und Erziehungsberater dazu kommt, in Sachen Gehorsam *gegen* die Kinder zu schreiben: »Was ist Gehorsam? Es ist der Wille eines Menschen, auf einen anderen zu hören und seinen Anweisungen zu folgen. Wichtig ist dabei, daß diesem Willen ein freier Spielraum bleibt, sich bei jedem neuen Anlaß zu entscheiden, ob er diese Gefolgschaft leisten will oder nicht.«[35]

Hier ist er also – der leere Wahn von einem, der den »neuen Menschen« schon so im Kopf hat, daß für das wirkliche Kind kein Platz mehr ist. Noch ist der Gehorsam als kindlicher »Wille« eher rar, und das ist wohl auch ganz gut. Wenn dann aber im gleichen Atemzug betont wird, daß »diesem Willen ein freier Spielraum« bleiben müsse, wird die Anbiederung an das Modisch-Zeitgeistige penetrant. Soll das Kind jeweils von Fall zu Fall entscheiden, ob es vor den Laster rennt oder nicht?

Die Entscheidung zwischen der körperlichen Unversehrtheit und »demokratischen Entscheidungsprozessen« in der Familie dürfte Eltern in Hinblick auf ihre Kinder eigentlich leichtfallen. Außerdem gibt es ja neben der negativen durchaus auch eine positive, konstruktive Autorität, die – von Fürsorge und Wärme getragen – dem Kind Halt und Orientierung gibt und damit verhindert, daß es ausschließlich nach seinen Launen lebt. Es ist jene Autorität, die ohne einen hoheitsvoll tyrannischen Vater und kurze Kommandos – die es vorrangig wohl doch nur im Klischee gibt – auskommt, sondern Respekt und Liebe miteinander verbindet.

Bei alldem bleibt freilich unbestritten, daß es Formen der Autorität gibt, die Widerspruch verdienen: jene Autorität zum Beispiel, die nur vorgibt, daß sie dem Wohl des anderen verpflichtet sei, aber in Wirklichkeit nur die eigenen Interessen verfolgt. Hier wird Ungehorsam zur Tugend oder Lebensnotwendigkeit, wenn man daran denkt, wie sich vor über vierzig Jahren die »Jugend der Welt« zugrunde richtete. Andererseits ist es noch kein Zeichen dafür, daß man durch Schaden klug geworden ist, wenn man aus einem Extrem ins andere fällt. Und genau das ist es ja wohl auch, was Eltern bewegt, wenn sie guten Gewissens von ihren Kindern Gehorsam verlangen: daß sie nicht jede Erfahrung am eigenen Leibe machen mögen, zumal welche dabei sein könnten, die zu verwerten keine Chance mehr bestünde.

Keine Macht deshalb für diejenigen, die ihre funktionale Autorität mißbrauchen und uns die Begriffe vorschreiben wollen – die von »Zwangsfamilie« und dem »maßlosen Haß« (Wilhelm Reich) reden, den diese erzeuge, und vorschlagen, man solle die Kinder den Eltern im dritten Lebensjahr wegnehmen. Keine Macht für jene, die des Mitfühlens unfähig geworden sind.

Selbstverwirklichung – oder Unser Kind heißt Pumuckl

Das richtige Wort zur rechten Zeit – man kennt das aus dem Märchen – kann die Erlösung bringen:

> »Heute back' ich, morgen brau' ich,
> übermorgen hol' ich der Königin ihr Kind;
> ach, wie gut, daß niemand weiß,
> daß ich Rumpelstilzchen heiß'!«

Nach Fehlversuchen wie »Kaspar«, »Melchior«, »Balzer«, »Rippenbiest«, »Hammelswade« und »Schnürbein« kommt die Königin dem Gnom bekanntlich auf die Schliche und darf ihr Kind behalten.

Auch Eltern tun sich bei der Suche nach dem rechten Namen für ihr Kind nicht selten schwer, und manche geraten dabei sogar in Konflikt mit dem Standesbeamten, der einen Taufnamen ablehnen kann, wenn er nach seiner Meinung der »allgemeinen Sitte und Ordnung« widerspricht. Das ist sicher auch gut so, denn immerhin mußten Eltern bereits per gerichtlichem Beschluß von der Idee abgebracht werden, ihr Kind »Sputnik«, »Schnucki«, »Galadriel« oder »Grammophon« zu nennen. Andererseits ließen »Sitte und Ordnung« schon im Jahre 1957 den Vornamen »Anechin ten Doornkaat Henriette« zu, und auch bei »Momo« und »Pumuckl« kamen Amtsrichter zu der Einschätzung, daß das Wohl des Kindes bei dieser Namensgebung ausreichend berücksichtigt sei.

Die Betroffenen selbst scheinen da eher anderer Meinung zu sein, denn immerhin 29 Prozent der heutigen Kinder sind über ihren Vornamen unglücklich. Da sie aber aus naheliegenden Gründen zum Zeitpunkt der Entscheidung ihre Vorlieben noch nicht in die Waagschale werfen können, wird die Namenswahl immer ein Akt elterlicher Willkür bleiben müssen.

Weil derjenige, der mit dem Namen leben muß, also nicht gefragt werden kann und damit unsicher bleibt, ob er ihm eines Tages überhaupt zusagen wird, ist man um so mehr über die unerschütterliche Gewißheit mancher Eltern erstaunt, daß nur ein ganz bestimmter Name zu ihrem Kinde passe – zum Beispiel »Shantala«. So und nicht anders soll ein schwäbisches Baby aus Tübingen heißen, weil seine Erzeuger von dem Baby-Massage-Buch »Sanfte Hände« des Gynäkologen Leboyer (der hat sich diesen Phantasie-Namen ausgedacht) über alle Maßen begeistert sind.

Das Landratsamt Tübingen lehnte »Shantala« allerdings mit der Begründung ab, daß dieser Name aus einer augenblicklichen Schwärmerei komme und die Eltern nicht die Belange des Kindes berücksichtigten, sondern nur darauf ausseien, *sich selbst zu verwirklichen.* Da letztere anscheinend willens sind, bis vor das Oberlandesgericht zu gehen, scheint der Vorwurf nicht ganz abwegig zu sein. Selbstverwirklichung, auf solch einen Verdacht weist der Rechtsstreit um »Shantala«, findet auf Kosten anderer statt. Wer auf diesem Zauberwort abgefahren ist, fordert für sich Freiheiten und Möglichkeiten, die in der Regel nur dann zu haben sind, wenn ein anderer in seiner Entfaltung beschnitten wird. So, möchte man sagen, ist nun einmal das Leben, und vielen gilt ja auch mit Recht unsere moralische Unterstützung bei dem Versuch, sich mehr Spielraum für die eigene Entwicklung zu verschaffen.

Die Vokabel selbst aber, und darauf zielt die Kritik ab, ist unehrlich. Sie gehört zu jenen Verbrämungseuphemismen, vor denen man, wenn sie von anderen benutzt werden, auf der Hut sein muß. Unter dem Anspruch, sich endlich selbst verwirklichen zu wollen, kann man einem anderen eine Menge antun und hat dabei noch das gute Gewissen und den Applaus der nicht Betroffenen für sich.

»Jedes Wort«, mahnt Hermann Hesse, »kann ebensogut sein Gegenteil bedeuten.« Auf diesem Hintergrund könnte man versuchen, der »Selbstverwirklichung«, wie sie einem im Alltagsleben häufig begegnet, die folgenden Bedeutungen anzuprobieren: Egoismus, Gleichgültigkeit, Rücksichtslosigkeit, Verantwortungslosigkeit oder Egotrip. »Ich will mich endlich selbst verwirklichen« – diese Begründung ist bei uns einstweilen für über 120 000 Ehescheidungen und zig-tausende von Kindern »gut«, die zwischen Mutter und Vater hin- und hergerissen werden.

»An ihrer Sprache werdet ihr sie erkennen!« Warum gibt es im Bereich der zwischenmenschlichen Beziehungen eigentlich keine »Wir-Verwirklichung«? Solch eine Vokabel dürfte man doch von einer Gesellschaft erwarten, in der so viel von Solidarität und sozialem Engagement die Rede ist. Aber mit den Worten hat man eben noch lange nicht die Sache. Doch stimmen müssen sie wenigstens erst einmal – übrigens wie im Märchen vom »Rumpelstilzchen«.

Die sanften Väter – oder Wir sind doch nicht im Theater

Gibt es keine richtigen Väter mehr? Der 38jährige Berliner Erziehungswissenschaftler Professor Dieter Lenzen scheint bei seiner Antwort kein Zweifel anzukränkeln: »Nein«, lautet seine Diagnose. »Die meisten Väter sind heute zu mütterlich, zu weich – sie haben ihre Rolle als Mann eingebüßt.«

Dieses niederschmetternde Urteil muß jeden von der Rolle bringen, der sich längst ein neues »Vaterbewußtsein« zugelegt hat und aufrichtig bemüht ist, seinem Kind eine gute Mutter zu sein. Da hat er zumindest versucht, den »Panzer der alten Männlichkeit zu sprengen«, hat die Freuden und Leiden der »bewußten Vaterschaft« kennengelernt, und nun ist das auch wieder nicht recht.

Aber der Professor weist den Weg zurück zum alten Ufer: »Der Mann soll sich wieder zu seiner Wesensart bekennen. Er ist nun mal nicht so gluckenhaft wie die Frau. Er ist von seiner Anlage her aggressiver, unnachgiebiger, nicht so geduldig und einfühlsam. Diese Eigenschaften soll er nicht herausstreichen; er muß sie aber auch nicht völlig unterdrücken. Ein Junge soll mit seinem Vater ruhig mal ›Mann sein‹ spielen.«

Die Wirklichkeit überholt manchmal die Satire. Jetzt, wo keiner mehr lacht, wenn Väter mit ihren Kindern herumziehen, wird ihnen neuerlich das falsche »Rollenverständnis« bescheinigt.

Man trägt wieder ... mit dieser stereotypen Wendung

wird im allgemeinen die neue Modesaison eröffnet, die das, was gerade noch als chic galt, zu Plunder erklärt. Das kann allerdings nur reibungslos funktionieren, wenn die Kundschaft willens ist, sich in die Rolle des »Kollaborateurs der Modernität« (Milan Kundera) zu schicken.

Aber mit der Rolle geht das Ganze ja wohl auch los: Mutterrolle, Vaterrolle, Partnerrolle, Geschlechtsrolle, Rollenfindung, Rollenlernen, Rollenübernahme, Rollenidentifikation, Rollenfunktion, Rollenrepertoire, Rollendifferenzierung, Rollenkonflikt, Rollenzwang und Rollenverlust – das Leben als Rollenspiel, bei dem die Individualität keine sonderliche Rolle mehr spielt. Die Rollenanweisungen kommen nämlich von außen und wechseln mit den Regisseuren.

Was taugt der Rollenbegriff, und worin gründet sein Siegeszug durch unsere Alltagssprache? Peter R. Hofstätter[36] schreibt der »Rolle« drei entscheidende Merkmale zu: sie beruht erstens auf einem »Leitmotiv«, bezieht sich zweitens auf die Rolle anderer Personen und kann drittens vom jeweiligen »Träger« abgehoben werden, das heißt, auch andere können sie übernehmen. Das letzte Kriterium ist besonders interessant, weil es besagt, daß man eine bestimmte Rolle durchaus wieder loswerden kann, falls sie einem nicht mehr so recht behagen sollte. Man kann sie »schmeißen«, einem anderen aufbürden oder aber schlicht vergessen – das Definitionsmerkmal der »Abhebbarkeit« vom jeweiligen »Träger« legt Beliebigkeit nahe. Der Rollenbegriff, könnte man folgern, wurde so dankbar angenommen, weil er die Fluchtwege aus Bindung und Verantwortung offenläßt.

Angesichts von 120 000 Scheidungen pro Jahr scheint der Begriff von der (Ehe)Partnerrolle mit der Wirklichkeit durchaus stimmig zu sein. Nur das Ritual der Trauung hinkt noch unzeitgemäß nach, aber in der evangelischen Kirche wird über die wohl fällige Korrektur ja bereits diskutiert: »... wollt ihr die Ehe nach Gottes Verheißung führen, bis ...?« Ohne Einschränkung läßt sich da nichts mehr versprechen, wo doch jedermann sieht, daß immer mehr Ehepartner ihre Rolle nur noch solange tragen, bis ... »es öde geworden ist«, ... »nichts mehr geht«, ... »das Geld alle ist«, ... »ein anderer kommt«.

Zur Rolle gehört eben der Abgang – und die Maskierung, im strengen Sinne auch die Täuschung. Für den amerikanischen Sozialwissenschaftler Erving Goffman ähnelt das menschliche Sozialverhalten dem Verhalten von Schauspielern. In einem seiner Bücher zitiert er eine Passage aus George Orwells »Down and Out in Paris and London«, die recht amüsant zeigt, wie anders es doch hinter den Kulissen zugeht:

»Es ist interessant, einen Kellner den Speisesaal eines Hotels betreten zu sehen. Im Moment, da er durch die Tür tritt, geht mit ihm eine plötzliche Veränderung vor. Die Haltung seiner Schultern verändert sich; aller Schmutz, alle Eile und Nervosität sind augenblicklich von ihm abgefallen. Er gleitet mit feierlicher, priesterähnlicher Miene über den Teppich. Ich erinnere mich, wie unser stellvertretender ›maître d'hotel‹, ein feuriger Italiener, an der Tür des Speisesaals innehielt und sich seinem Lehrling zuwandte, der eine Flasche Wein fallengelassen hatte. Seine Faust über dem Kopf schüttelnd, brüllte er (glücklicherweise war die Tür mehr oder weniger schalldicht): ›Du nennst dich einen Kellner, du kleiner Bastard? Du bist ein Kellner! Du könntest nicht einmal den Boden in dem Bordell schrubben, aus dem deine Mutter kommt.‹

Die Worte versagten ihm, er wandte sich der Tür zu, und während er sie öffnete, rief er dem Jungen noch eine letzte entsprechende Beleidigung zu.

Dann betrat er den Speisesaal und segelte – eine Platte

in der Hand – graziös wie ein Schwan hindurch. Zehn Sekunden später verbeugte er sich ehrerbietig vor einem Gast. Und wie man ihn sich so verbeugen und lächeln sah, mit dem gütigen Lächeln des erfahrenen Kellners, konnte man nicht umhin zu denken, daß es den Gast doch beschämen müsse, von einem so vornehmen Manne bedient zu werden.«[37]

Der Vater verbittet es sich, daß man ihm mit dem Rollenbegriff kommt, weil er sich als Vater nicht für austauschbar hält und absolut sicher ist, daß sein Kind diese Auffassung teilt. Und auch die Rolle, die das Kind in seinem Leben spielt, hat mit der soziologischen Unverbindlichkeitsterminologie nicht das geringste zu tun. Wo alles austauschbar ist, reicht es nicht einmal mehr zum Rollenspiel – bestenfalls zum Psychodrama.

Ratschläge – oder Die Erziehungspraxis von Mr. Dick

Nichts ist praktischer, heißt es seit Kant, als eine gute Theorie. Aber »noch praktischer«, widerspricht der Journalist Konrad Adam, »ist eine gute Praxis«.

Zur Erinnerung: Der kleine David hatte seinen Vater längst verloren, als er an einem Freitag um Mitternacht auf die Welt kommt. Einige Jahre später stirbt auch die Mutter, und David ist ein von aller Welt verlassenes Waisenkind. Nach vielen unerquicklichen Erfahrungen entschließt er sich eines Tages in höchster Not, seine Tante in Dover aufzusuchen, von der er kaum mehr weiß, als daß sie einst bei seiner Geburt zugegen war.

Sechs Tage ist er unterwegs, bis er endlich zerrissen, verdreckt und mutlos vor Miß Trotwood steht. Die Tante, über das unerwartete Auftauchen ihres verwaisten Neffen nicht wenig überrascht, erhofft sich in dieser Situation einen guten Rat von Mr. Dick, dem Untermieter:

»Nun, hier sehen sie den jungen Herrn David Copperfield, und die Frage, die Sie mir beantworten sollen, ist: was ich mit ihm anfangen soll?«

»Was Sie mit ihm anfangen sollen?« sagte Mr. Dick verlegen und kratzte sich hinter den Ohren. »Anfangen sollen?« (...).

»Ich brauche einen sehr guten Rat.«

»Hm, wenn ich Sie wäre«, sagte Mr. Dick überlegend, (...), »so würde ich ihn waschen!«

Die Tante ist von diesem Vorschlag begeistert, und

David bekommt sein Bad nebst einem ausgiebigen Abendbrot. Dann aber ist Mr. Dicks Rat, nachdem er sich nun bereits bewährt hatte, abermals gefragt: »Was würden Sie jetzt mit ihm machen?«

»Oh!« lautete seine Antwort. »Ja. Mit ihm machen – ich würde ihn zu Bett bringen.«

Wer Lust hat, kann bei Charles Dickens nachlesen, daß diese Ratschläge eine entscheidende Wende in David Copperfields Leben bringen: der Bann ist gebrochen, die Tante nimmt sich seines weiteren Schicksals an, und beide entwickeln ein herzliches Verhältnis zueinander.

Wie aber wäre es David wohl heutzutage ergangen? Kein Zweifel – unsere Zeit hätte ihm vieles bieten können, was man Mitte des 19. Jahrhunderts überhaupt noch nicht kannte: einen Jugendnotdienst zum Beispiel als erste Anlaufstelle, psychodiagnostische Verfahren zur Klärung seiner Defizite, kompensatorische Erziehungsmaßnahmen, ein Resozialisierungsprogramm und gewiß auch sozialpädagogisch ausgebildete Bezugspersonen. Vielleicht hätte David sogar bei einer der vielen empirischen Untersuchungen als »Fall« mitmachen und beweisen können, wieviel das Sozialisationsmodell »von wem auch immer« doch taugt.

Ob soziales Lernen oder kommunikatives Handeln – mit David wäre so mancher theoretischer Höhenflug unternommen worden, der sich angesichts einer guten Praxis von selbst erledigt hätte.

Aber auf einen Mr. Dick oder eine Miß Trotwood wäre er an einem Ort, wo genormt und gestanzt wird, wohl niemals getroffen.

Strafen – oder Wie sag' ich's meinem Kinde

»Und die Leute denken nach, was zu tun ist. Seit langem denken sie darüber nach und versuchen alles mögliche.

Einer sagt:

– Am besten schlagen.

Der zweite sagt:

– Das ist nicht recht: besser erklären.

Der dritte sagt:

– Man kann mit Güte etwas erreichen, aber nicht jedes Kind versteht das.

Der vierte sagt:

– Am besten, dem Unartigen nichts zu essen zu geben. Wenn er hungrig ist, wird er gehorchen.«[38]

Wer nur an seinem Gelehrtentisch mit Kindern zu tun hat, ist bei diesem Problem gut dran, denn er kann »ungestraft« über die Würde und das Selbstbestimmungsrecht des Kindes dozieren. Schließlich ist es ja weit weg und er selbst im unangreifbaren Hort der Jargonpädagogik.

Erklären statt strafen! Solange einem das unmittelbare Tun erspart bleibt, kann man hier nur aus tiefster Überzeugung zustimmen. Wer allerdings in häuslicher Gemeinschaft mit einem vierjährigen Sohn lebt, der partout mittels zweier Stricknadeln herausfinden möchte, was in einer Steckdose steckt, muß sich gegebenenfalls vom Prinzipiellen verabschieden. Zum einen, weil er das auf den Kleinen in der Steckdose lauernde Unheil gar nicht so recht zu erklären vermag – zum anderen, weil ihm bei der Gelegenheit einfällt, daß es auch bei den Erwachsenen mit der intellektuellen Einsichtsfähigkeit manchmal nicht weit her ist. In diesem Punkt will er seinem Sohn nicht mehr unterstellen als sich selbst.

Am Pädagogen-Tisch werden freilich auch noch andere Grundsätze formuliert, zum Beispiel, daß Kinder ihre eigenen Erfahrungen machen müßten. Obwohl dies prinzipiell richtig ist und ja auch der kindlichen Seele enorm entgegenkommt, denken Mütter und Väter zunächst einmal mit Schrecken an jene Erfahrungen, die man nur einmal im Leben machen kann, bzw. deren Erkenntnisgewinn nicht mehr zu nutzen ist.

Natürlich kann man Steckdosen sichern und Medikamente verschließen. Doch was unternimmt man, wenn die kleine Tochter ihrer Puppe die Haare wäscht und sich trotz Erklärung und Verbot über dem gefüllten Becken gerade anschickt, den Föhn in Gang zu setzen? Sollte man nochmals erläutern, was passiert, wenn der Föhn ins Wasser fällt?

Belohnen statt strafen! Anhand von Tierexperimenten haben die Lernpsychologen prächtig belegt, wie gut dieses Prinzip funktioniert. So setzten sie zum Beispiel Ratten kleine Elektroden in das »Lustzentrum« des Gehirns ein und verbanden diese über Drähte mit einer Stromquelle. Über eine Taste konnten die Tiere nun den Stromkreis schließen und dadurch die entsprechende Hirnpartie reizen. Wie nicht anders zu erwarten, arbeiteten sie sich bis zur Erschöpfung an der Vorrichtung ab. Ein Verhalten, das zum Erfolg führt, wird vom Betreffenden gern beibehalten – was wir schon immer geahnt und in der Erziehung auch genutzt haben. Nur leider gibt es zahlreiche Verhaltensweisen, die höchst unerwünscht und dennoch kurzfristig ungemein vorteilhaft sein können.

»Das Gute – dieser Satz steht fest – ist stets das Böse,

Ein antiautoritär erzogenes, aber dennoch braves Kind

was man läßt!« Was der Humorist aus Wiedensahl hier so simpel formuliert, macht den Erziehungsalltag aus, der eben nicht nur die Aufgabe des Förderns, sondern vor allem die des Begrenzens parat hält. Und auch wenn man das »Böse« lieber durch »Fehlverhalten« ersetzt, ändert dies nichts an der Tatsache, daß Kinder gern etwas tun, was Eltern weder zulassen noch durch Belohnung »abstellen« können.

Wie also sag' ich's meinem Kinde, wenn es längst die Erfahrung gemacht hat, daß da noch Kleinere und Schwächere sind, die es zum eigenen Vorteil unterdrükken kann? Die Ermahnung, daß der Stärkere seine Stärke nicht zum Nachteil anderer ausnutzen darf, wirkt nicht gerade überzeugend angesichts der Tatsache, daß man genau mit dieser Stärke bisweilen ohne Umschweife zum Ziel kommen kann. Und in solch einer Situation könnte dann schon einmal der Gedanke aufkommen, ob es nicht ganz gut wäre, hier die eigene Überlegenheit als Erwachsener ins Spiel zu bringen.

Aber noch schöpft der Gedanke Atem und widmet sich der Frage, wie man bloß das Kind dazu anhalten könnte, eine moralische Anstrengung zu unternehmen, obwohl sie – zumindest kurzfristig – nichts einbringt. *Doch* Schläge? In einem »Elternlexikon« von 1985 steht: »Schläge auf das Gesäß lösen kleine Fetteilchen, die mit dem Blut ins Gehirn wandern und dumm machen oder im Herzen steckenbleiben und zum Herzschlag führen.« Wer will das schon?

Nachdenklich aber macht ein anderer: »Man ist gewalttätig«, schreibt Robert Musil im »Mann ohne Eigenschaften«, »weil die Gewalt nach langem, ergebnislosem Reden wie eine Erlösung wirkt.« Dieser Satz taugt mehr als die gesamte akademische Diskussion um das Für und Wider des körperlichen Strafens durch die Eltern.

Darf man oder darf man nicht? Die Erziehungswissenschaft läßt diese Frage heute überhaupt nicht mehr zu, weil sie längst als definitiv beantwortet gilt. Ihre Wortführer können ihr »Reden« ja auch publizieren und haben damit ein Ergebnis, das sie in der akademischen Laufbahn weiterbringt. Der Vater jedoch, dessen Kind sich in einer nicht enden wollenden »Trotzphase« befindet, fühlt sich vermutlich eher Robert Musil verbunden. Nein – gewalttätig ist er gegenüber seiner Tochter ganz gewiß nicht geworden – aber den beherzten Klaps auf den Po hat er schon als (Er)Lösung empfunden. Und heute, nachdem etliche Jahre vergangen sind, ist er so dreist und vermutet, daß das seine Tochter ähnlich erlebt hat.

Erziehungsziele – oder Wohin soll die Reise gehen?

Im Juni 1985 wurden bei einem Bombenattentat auf dem Frankfurter Flughafen zwei Kinder getötet. In einem Bekennerbrief der »Friedenseroberer«, der weitere Anschläge ankündigt, heißt es:

»Es stört uns nicht, wenn Frauen und Kinder getötet werden. Es gibt keine Unschuldigen.«

Wenn dem Zweck erlaubt wird, *jedes* Mittel zu heiligen, sollte man beizeiten in Deckung gehen. Dabei droht die Gefahr nicht nur von den Mitteln, die zum Einsatz kommen, sondern später auch vom Ziel selbst, das am Ende meist nicht anders aussieht als eben jene Mittel, durch die es erreicht wurde.

Sir Karl Popper gibt gar zu bedenken, daß gerade die schönsten und erstrebenswertesten Ziele das Risiko in sich bergen, daß man am Ende dort landet, wo keiner hinwollte: »... von allen politischen Idealen ist der Wunsch, die Menschen glücklich zu machen, vielleicht der gefährlichste.« Und deshalb widme er sich auch vorrangig der Aufgabe, »Propaganda für mehr Bescheidenheit« zu machen.

Poppers leises Plädoyer für die Bescheidenheit gibt in einer Zeit, in der Nachrichten gepfeffert sein müssen, um überhaupt gehört zu werden, nicht viel her. Da ist es um den »Urschrei« schon besser bestellt – und um die Pläne, sich selbst und seinen Kindern spätestens übermorgen das Paradies zu liefern.

Das Kind, von dem jetzt die Rede ist, heißt Delia, und sein Schicksal besteht darin, daß es auf dem kürzesten Wege – so jedenfalls hatten es die Erwachsenen beschlossen – zur Glückseligkeit befördert werden soll. Als Delia ungefähr vier Jahre alt war, zog die gerade geschiedene Mutter mit ihr in ein »Projekt«, in dem das Ziel einer »humaneren Gesellschaftsgestaltung im Vergleich zu den bestehenden gesellschaftlichen Verhältnissen« verfolgt wurde. Während Delia zu dieser radikalen Veränderung ihrer Lebensumstände wenig gesagt haben wird, hielten es die Initiatoren für angebracht, Interessenten vor ihrem »Projekt« zu warnen: »Wer in Fragen der Moral, Sexualität und Religion zu konservativen oder ängstlichen Handlungen neigt, möge seinen Wunsch, uns zu besuchen, noch einmal überdenken. Die geistige Voraussetzung unserer gemeinschaftlichen Lebensweise liegt gerade in der radikalen Überwindung herkömmlicher Denk- und Lebensformen.«[39]

Der Grund für derart vorsorgliche Worte mag darin zu sehen sein, daß in »herkömmlichen Denk- und Lebensformen« verhaftete Gäste sich geschockt fühlen könnten oder aber für den beabsichtigten großen Wurf in Sachen »Gesellschaftsgestaltung« im vornhinein wenig geeignet erscheinen. Bei Kindern ist das da schon etwas anderes: mit welchen Mitteln die Erwachsenen welche Erziehungs- und Lebensziele auch immer zu verwirklichen trachten – ihnen fällt sowieso nur die Rolle von Probanden zu. Weil die Mutter es für zweckdienlich hält, muß Delia ihr Leben nach dem »Urschrei« leben. Wo jeder Erwachsene es sich verbitten würde, daß man ihn ohne Wissen und Zustimmung in eine Experimentalsituation führt, soll Delia »die Möglichkeit haben, sich ihre Bezugspersonen selbst auszusuchen ...« So jedenfalls will es die Erziehungskonzeption.

Jene Freiheit, die Delia zugestanden wird, kann aber

deshalb nicht beeindrucken, weil am Anfang der unausweichliche Zwang steht, sich der von der Mutter als richtig erachteten neuen Lebensführung zu fügen. »Müssen wir heute wieder das spielen, was wir wollen?« Was Kritiker der »freien« Kindererziehung hier die Betroffenen nörgeln lassen, dürfte nicht völlig an der Wirklichkeit vorbeigehen.

Andererseits muß man zugeben, daß Delias Schicksal im Prinzip von allen Kindern geteilt wird: es sind die Eltern und Älteren, die bewußt oder unbewußt bestimmen, wohin die Reise gehen soll und was man unterwegs so alles erleben kann. Nur scheuen die meisten Mütter und Väter davor zurück, ihre Kinder auf eine waghalsige Expedition mitzunehmen. Trotz aller Verführungsversuche setzen sie darauf, daß Zurückhaltung und Bescheidenheit bei der »Formulierung« von Erziehungszielen nicht das Schlechteste sind. Diese Haltung feit sie dagegen, begeistert hinter jeder Tagesmode herzulaufen, deren Wegbereiter sich erfahrungsgemäß vor allem durch einen kurzen Atem auszeichnen. Wer in den letzten fünfzehn Jahren Kinder großgezogen hat, weiß zu bestätigen, daß auf dem Markt der Rahmenrichtlinien, Curricula und Erziehungsdefinitionen nichts so beständig war wie der Wandel.

Einstweilen mehren sich nun wieder Stimmen, die meinen, man solle Kinder ruhig dazu bringen, die ganz »alltäglichen Tugenden« ernst zu nehmen – als da sind: Freundlichkeit, Höflichkeit, Dankbarkeit, Fleiß, Sorgfalt, Verantwortungsbewußtsein und Takt.

Wie gesagt: Was Jahrhunderte galt, muß nicht zwangsläufig heute wieder richtig sein – aber der Vater eines schulpflichtigen Kindes freut sich aufrichtig darüber, daß das, was von ideologisch versimpelten Soziologen als »Einübung in die Klassengesellschaft« abqualifiziert wurde und im Interesse eines dringend zu fördernden

Widerspruchsgeistes zu streichen war, inzwischen auch von der Achtundsechziger-Generation rückblickend etwas anders gesehen wird: »In unserem vielgepriesenen Freiraum waren wir auch schön dogmatisch, besonders mit Andersdenkenden um uns herum.«[40] Daß der kindliche »Freiraum« dort endet, wo andere über Gebühr strapaziert werden, scheint kein Thema mehr zu sein: »An meinem Schreibtisch hat Sabine nichts zu suchen!« Häme über das Scheitern der hochtrabenden und sicher auch idealistischen Pläne der »68er« ist unangebracht, zumindest bei jedem, der noch kleine Kinder hat und beabsichtigt, diese zum eigenen Leben zu befähigen. Ob dies nur halbwegs im geplanten Sinne erreicht wurde, läßt sich eben erst im nachhinein beurteilen. Und daß ist dann ja meist doch der Zeitpunkt, der einen Anlaß zum Staunen abgibt: Kinder, mag man da mehr oder weniger kleinlaut feststellen, unterlaufen doch spielend das Erziehungskonzept der Erwachsenen. Da praktiziert man als Angehöriger der Apo-Generation mit seinem Sohn die Hohe Schule der Systemüberwindung und kriegt eines Tages von ihm bescheinigt: »Am System liegt's nicht, sondern an jedem einzelnen. Die 68er zum Beispiel«, sagt er, »viel Kopf, viel Ho Ho Ho und kaum was bewegt. BASIC ist besser.«[41] Und das, obwohl man über Jahre alle psychologischen und soziologischen Kenntnisse in die Waagschale geworfen hatte.

Bei der Gelegenheit könnte allerdings auch eine böse Ahnung aufkommen: Vielleicht geben wirklichkeitsfremde Erziehungsziele und -ideale nichts anderes als ein Auswahlverfahren ab, in dem »clevere« und »robuste« Naturen um so besser ihren eigenen Kopf trainieren und durchsetzen können. Während sie ihren Weg durch's Leben machen, starten die anderen, präpariert auf eine Welt, die sich ihre Eltern und deren Lehrmeister nur erträumten, ins Nirgendwo.

Delia zum Beispiel: wird sie, nachdem sie im »Projekt« aufgrund der »Freigabe« der Sexualität den Geschlechtsverkehr unter Gruppenmitgliedern besichtigen durfte, ihre eigene Bezugsperson nach Gutdünken auswählen konnte und laut gerichtlich angeordneter Untersuchung die Krätze kriegte – wird Delia in der Lage sein, sich in einer Welt zurecht zu finden, in der dann letztlich doch ganz andere Spielregeln gelten?

Die Frage muß heute offenbleiben. Aber daß es so manchen überhaupt nicht kratzt, wenn mit Kindern experimentiert wird, zeigt möglicherweise, wo mit der »humaneren Gesellschaftsgestaltung« anzusetzen wäre.

Schulstreß – oder Wieviel Wörter braucht das Kind?

Alarm! Achtung, Streß! Die unheilvolle Botschaft für Mütter und Väter kommt aus Kassel, wo eine Studie an der Gesamthochschule wieder einmal bewiesen hat, was Erwachsene mit kleinen Kindern so alles machen: da verlangen die Lehrer von ihren sechs- bis zehnjährigen Schülern doch in den Fächern Deutsch und Sozialkunde einen Wortschatz von sage und schreibe 10 000 Wörtern. Aber damit nicht genug, denn bezieht man Mathematik, Musik und Werken auch mit ein, müßten sich die Kleinen gar mit 15 000 Wörtern abrackern.

Kurzum: Die Studie kommt zu dem Schluß, daß unsere Kinder völlig überfordert werden, und wem es noch nicht aufgefallen ist, daß die kleine Tochter oder der Sohn heimlich Vokabeln bimsen, weiß überhaupt nicht, was seine Kinder so treiben. Aber keine Sorge: engagierte Pädagogen und Experten aus den Kultusministerien sind längst dabei, größeres Unheil vom Nachwuchs abzuwenden. Die Gefahr liegt in der Tatsache, daß Deutsch zu den wortreichsten Sprachen überhaupt gehört – der gesamte Bestand wird immerhin auf 300 000 bis 400 000 Wörter geschätzt. Vor einer derartigen Fülle, zu diesem Schluß sind besorgte Gutachter gelangt, müssen Grundschulkinder geschützt werden, und sie plädieren deshalb dafür, so etwas wie eine »orthographische Grundausrüstung« zu definieren.

Erste Ansätze gibt es bereits: In Hessen hat ein Zehnjähriger sein Soll mit 1000 Wörtern optimal erfüllt, in

Bayern wurden bereits im Lehrplan 1982/1983 exakt 983 »Pflichtwörter« benannt. Die Liste für die Erstkläßler geht so los: acht, am, Apfel, Arm, Ast... Vermutlich hat man sich dabei an Plickats »Deutschem Grundwortschatz« orientiert, aber es ist dennoch nicht einzusehen, warum ausgerechnet »albern« fehlt.

Unterm Strich entbehrt diese Vorgehensweise aber nicht der Logik, wenn man bedenkt, daß die Zehn Gebote nur 279 Wörter enthalten und die amerikanische Unabhängigkeitserklärung mit 300 Wörtern auskommt. Und wer muß schon – um an ein Zitat von Franz-Joseph Strauß zu erinnern – die Verordnung der Europäischen Gemeinschaft über den Import von Karamelbonbons verstehen können, die es auf die beeindruckende Zahl von 25911 Vokabeln bringt?

Vor allem aufgeklärte Eltern dürften von dieser Standardisierung des kindlichen Wortschatzes begeistert sein: sie können mit ihren Kindern gezielt die Liste rauf und runter pauken und dabei das beruhigende Gefühl haben, daß beim Rechtschreib-TÜV alle gleich sind. Da mögen ehrgeizige Mütter und Väter ihren Sprößlingen ruhig beibringen, wie man »Bettuch« oder »Pappplakat« schreibt – außer Streß bringt das gar nichts.

Motivation – oder Wo verstecke ich die Schokolade?

Der Vergleich ist zwar recht fragwürdig, aber sonst mag der ehrenwerte Professor Schnauz durchaus den Kern treffen: »Mit der Schole ist es wie mit der Medizin: Sie moß bötter schmöcken, sonst nötzt se nechts.«

Jene verklärten Erinnerungen, die die »Feuerzangenbowle« rückblickend hervorruft, können wohl kaum darüber hinwegtäuschen, daß Generationen ihr Schülerdasein als arge Zumutung empfunden haben. Andererseits wäre es ungerecht, sich zu beklagen, daß in den letzten Jahren nichts unternommen worden sei, um die Lust am Lernen auf jenen Höhepunkt zu bringen, den Eltern und Schüler sich in ihren frivolsten Träumen nicht vorzustellen vermögen: eigens zu diesem Zweck entdeckte man schließlich das »wissenschaftsorientierte« Lernen und das pädagogische Prinzip der »wohldosierten Schwierigkeitsgraduierung«.

Und wie von selbst wandern die Gedanken zu den raffinierten Strukturplänen, Kleingruppen-Modellen und anderen organisatorischen Reformen.

Doch Undank ist der Schüler Lohn – bei den »Lernern« kam kaum Freude auf. Aber so sind sie eben: während sich das Füllhorn der »Organisatoren von Lernprozessen« über die Schüler ergießt, mäkeln diese verdrossen an allem herum. »Schule? Echt ätzend!«

Nun wäre ein Blaupausen-Pädagoge kein Blaupausen-Pädagoge, wenn er bei aller Verdrossenheit den einmal eingeschlagenen Weg nicht unverdrossen fortsetzte.

Die Verplanung des Lernens, lautet seine Diagnose, wurde bisher nur noch nicht lückenlos erreicht. Und deshalb gibt es neuerdings für die lustlosen Lerner einen Sonder-Service, der das Übel an der Wurzel packen will. Vor allem Oberschülern soll in Kursen beigebracht werden, wie man »gekonnt« lernt und geradezu profihaft die eigene Trägheit austrickst.

Um den Seminaristen Laune zu machen, geht die Sache mit einem grandiosen Erfolgserlebnis los: jeder darf sich zunächst einmal unter Anleitung ausrechnen, wieviel Minuten täglich bei den Hausaufgaben eingespart werden können, wenn man den Ratschlägen der Instrukteure folgt. Mit Speck fängt man Mäuse.

Wie aber erlangt man die höheren Weihen des wahrhaft »gekonnten Lernens«? Die folgenden Geheimtips werden freimütig von ausgebildeten Pädagogen gegen Bares verraten:

Büffelt bitte niemals eine Stunde lang ununterbrochen! Fünf mal fünf Minuten täglich genügen und ihr habt euer Vokabelpensum geschafft! Oder:

Entdeckt euren persönlichen Lerntyp! Wer da über sich Bescheid weiß, kann seinen Lernaufwand erheblich vermindern!

Fünf mal fünf Minuten täglich und unter Berücksichtigung des Lerntyps ein bißchen weniger – das müßte eigentlich zu machen sein! Wen kümmern da noch etymologische Spitzfindigkeiten wie zum Beispiel die Herkunft des Wortes »Schule« von der »Muße« (lat. schola), denn Muße braucht Zeit, und Zeit ist knapp.

Ein ganz wichtiger Punkt des Trainings ist die »Selbstmotivation«, und die funktioniert so: Der Lernunwillige – vorausgesetzt, er ist sonst guten Willens und mag Süßigkeiten – deponiert eine Tafel Schokolade an einem Ort, der möglichst weit von seinem Schreibtisch entfernt ist, und beginnt unverzüglich mit der Arbeit. Natürlich lockt ihn das Naschwerk recht bald von seinen Heften und Büchern weg, doch das ficht ihn nicht an, denn die ausgesetzte Belohnung will erst einmal verdient sein.

Wer sich übrigens nichts aus Schokolade macht, muß einen anderen Anreiz finden, der ihn im Sinne der »Selbstmotivation« auf Trab bringt. Entscheidend ist, daß die Prämie jene Wirkung ausübt, die der Nomade von seiner Oase kennt: kommt sie in Sicht, laufen die Kamele schneller.

Wenn die Kursteilnehmer erst einmal gelernt haben, ihre Lernwiderstände auf diese Weise zu überlisten, wird es sie auch kaum noch stören, daß die Schulungsleiter(innen) auch noch eine »disziplinierte Arbeitshaltung« fordern.

Ob so was wirklich auf unschuldige Schüler losgelassen werden darf? Kann man Pennäler erst auf Kniffe und Tricks heiß machen, die die Hoffnung nähren, daß das lästige Lernen nun bald endgültig aus der Welt sei, um ihnen dann verschämt und beiläufig mit Disziplin zu kommen? Wenn sie erst einmal wissen, daß es so etwas Schickes wie »Selbstmotivation« gibt, werden sie von Disziplin vermutlich nicht mehr sonderlich viel wissen wollen. Aber wie stünde denn ein moderner Pädagoge da, wenn er geradewegs eine »disziplinierte Arbeitshaltung« verlangte? Er wäre ja kein moderner Pädagoge mehr.

Das Dilemma ist groß, aber vielleicht sollte man einfach die Eltern der Schüler einmal nach einem Ausweg fragen. Die würden vielleicht den Lehrern raten, doch den Unterricht so interessant und vergnüglich, wie es eben geht, zu machen und nicht zu vergessen, daß die Schule hin und wieder etwas fordern muß, was Schüler niemals von sich aus gerne tun würden. Da hilft auch kein Technokratenschwulst drüber hinweg.

Zensuren – oder Vom Balsam für die Seele

Selbstwertprobleme zu haben oder gehabt zu haben, gehört inzwischen in jeden ordentlichen Lebenslauf. Das ändert jedoch nichts an der Tatsache, daß Beeinträchtigungen des Selbstbewußtseins lästig und schleunigst aus der Welt zu schaffen sind. Japans private Telefon-Gesellschaft NTT bietet deshalb jetzt einen besonderen Service: Balsam für die Seele per Telefon.

Und das geht so: Wer sich recht gebeutelt fühlt, wählt eine bestimmte Nummer und ruft damit bei einer sympathischen Frauenstimme Komplimente und Liebeserklärungen ab. Zweieinhalb Minuten lang kann er sich beispielsweise dies ins Ohr flöten lassen: »Jedes Mädchen möchte dich treffen... du siehst unglaublich gut aus... ich liebe dich...«

Hat jemand bei Auseinandersetzungen im Berufsleben den kürzeren gezogen, mag er den Entschuldigungsdienst anrufen, der ihm per Tonband eine devote Männerstimme mit diesen Worten beschert: »Tut mir leid. Es war alles mein Fehler. Vergib mir bitte. Ich will alles tun, was du sagst.«

Vorbeugen, lautet ein Grundsatz, ist allemal besser als Heilen, und deshalb ist es gut, den Erdenbürger bereits von Kindesbeinen an mit jenem zähen Selbstbewußtsein auszustatten, das über alle Zweifel erhaben ist. Auf diesem Wege lernt der Mensch beizeiten, das Hohe Lied von sich selbst zu singen und egozentrisch ein Leben lang die Melodie zu halten.

Aus diesem Grunde wurde zum Beispiel das schlechte, alte Zeugnis abgeschafft und durch den »Diagnosebogen« ersetzt, in dem jedem letztlich die eigene Prächtigkeit bescheinigt wird. Auch sonst gilt die Devise, daß die Sprache im Dienst einer wohltuenden Verbrämung zu stehen habe: Hänschen ist »demotiviert« statt faul, und Hans freut sich über sein Arbeitszeugnis, in dem zu lesen ist, daß er »seine Aufgaben zur vollen Zufriedenheit« erfüllt habe. Die Auguren aber lächeln und wissen, daß Hans kein Überflieger ist. Hätte er »seine Aufgaben *stets* zur vollen Zufriedenheit« oder gar »*stets* zur *vollsten* Zufriedenheit« wahrgenommen – das wäre etwas anderes.

Der Balsam, der heute gern aus psychologischen und politischen (»Parteilichkeit für die Schwachen«) Gründen heraus in die Seelen geträufelt wird, erweist sich langfristig betrachtet als recht ätzend. So angenehm es für jeden Schüler oder Studenten auch ist, gute Noten nach Hause zu tragen – er wird betrogen, wenn die Zensierenden nicht die gesamte Bewertungsskala nutzen: »Eine gute Note ist nur dann eine gute Note, wenn es auch schlechte gibt.« Wer das Zensurensystem unter Hinweis auf seine Subjektivität zu unterlaufen sucht, indem er Einheitsnoten verteilt, handelt unverantwortlich, weil er die Betroffenen hinsichtlich ihres Leistungs- und Wissensstandes vorsätzlich im Dunkeln tappen läßt. Spätestens der dem Abgangszeugnis folgende Eingangstest wird erhellen, was es mit dem Prädikatsexamen auf sich hat. Wer sich dann als frisch »gebackener« Betriebswirt nicht in den verschiedenen Kostenarten oder der Zinsfußmethode auskennt, kann sein Diplom getrost aufs stille Örtchen hängen. Statt dessen hat er dafür jene Selbstwertprobleme, die man ihm immer ersparen wollte, damals, zu einer Zeit, wo sie ihn noch auf die richtige Fährte hätten bringen können und längst nicht so dramatisch gewesen wären.

Es gibt jetzt Keine Diagnosebögen mehr!
Na endlich! Das gute alte Zeugnis ist wieder da! Jetzt hat die Stunde der Wahrheit ge...
Zeugnisse
WAAAS ?? mangelhaft, mangelhaft, un-ge-nü-gend!?!
Na, der kann was erleben!!
Dieser PAUKER meinich doch!
M. M.

»Falschmünzerei«, schreibt der Journalist Konrad Adam, »lohnt sich nur in einer starken Währung, deren Leistungskraft man nicht gleichzeitig sabotieren und nutzen kann. An diesem Widerspruch sind alle Versuche, Leistung mit Hilfe von Einheits- oder Standardnoten zu verschleiern, letztlich gescheitert.«[42]

Und wie soll man's mit den ganz Kleinen halten? Der Vater, der eine Tochter im ersten Schuljahr hat, wünscht sich am Elternsprechtag eine schonungslose Auskunft – für seinen Liebling aber Ermutigung und Nachsicht. Was er sich nicht wünscht, ist jene Großzügigkeit, die als Gleich-Gültigkeit daherkommt.

»Schwachheiten«, gibt Christoph Lichtenberg zu bedenken, »schaden uns nicht mehr, sobald wir sie kennen.« Immerhin hatte der Mann einen Buckel.

Intelligenz – oder Wie das Kalkül eines Lehrers nicht aufging

Zehn Jahre war er alt, als sein Lehrer der Klasse auftrug, die Zahlen von eins bis hundert zu addieren. Der brave Pädagoge hatte da vermutlich so seine Hintergedanken, denn vom Erkenntnisstand der damaligen Mathematik aus betrachtet mußten die Kinder eine gute Stunde lang beschäftigt sein. Aber er hatte nicht mit dem Schüler Carl Friedrich Gauß gerechnet, der seine Hoffnung auf Muße binnen kurzem zunichte machte. $50 \times 101 = 5050$ rechnete der kleine Carl Friedrich – denn hundert plus eins ist hunderteins, neunundneunzig plus zwei ebenfalls, und bei achtundneunzig plus drei kommt auch nichts anderes heraus. Schluß mit der öden Rechnerei, mag sich der Zehnjährige an dieser Stelle gesagt haben und brachte die Sache auf eine lässige Formel. Der Anekdote zufolge durfte er daraufhin studieren.

Unstrittig ist, daß er's seinen Förderern gedankt hat: von der modernen Zahlentheorie bis zum elektrischen Telegraphen – Gauß war bahnbrechend auf vielen Gebieten der Mathematik und Physik. War Gauß intelligent? Was ist Intelligenz?

Der amerikanische Lerntheoretiker Thorndike sieht das so: »Intelligenz ist dasjenige Merkmal, das eine Gruppe von Genies wie Newton, Einstein, Leonardo da Vinci, Shakespeare und Rabelais möglichst deutlich von den Insassen eines Heimes für geistig Behinderte unterscheidet.«[43]

Für seinen Landsmann Boring geht diese Definition in

ihrer Exaktheit schon entschieden zu weit, denn der stellt fest: »Intelligenz ist, was der Intelligenztest mißt.«

Das kommt zweifellos zumindest der Praxis erheblich näher, in der letztlich zählt, ob jemand clever genug ist, sich den richtigen »Testknacker« zu beschaffen und gründlich durchzuarbeiten: ein hoher IQ ist ihm dann allemal sicher. Und die meisten Leute haben heute ja auch einen Psychologen in der Verwandtschaft, der mit weiteren Tips aushelfen kann.

Aber das alles gilt ja auch nur für jene, denen ein entsprechender Einstellungstest ins Haus steht. Ansonsten kann man den Streit um die rechte Definition und die Frage, ob es nun hundert oder hundertzwanzig Intelligenzfaktoren gibt, getrost den Experten überlassen.

Der Philosoph Sir Karl Popper wurde in einer Fernsehdiskussion einmal gefragt: »Wie definieren Sie Gewalt, Herr Professor Popper?« Ziemlich unwirsch antwortete der Wissenschaftler daraufhin: »Wenn Sie nicht wissen, was Gewalt ist, werden Sie es auch nicht verstehen, wenn ich es definiere.«

Das mag sinngemäß für die Intelligenz gelten, und gewiß würde Sir Karl zustimmen, daß der kleine Carl damals bei seiner Additionsaufgabe Intelligenz bewiesen hat.

Lernen – oder Der Erich rechts und links der Franz

»Ist die schwarze Köchin da? Nein, nein, nein! Dreimal muß sie rummarschieren, das vierte Mal den Topf polieren, das fünfte Mal – komm mit, Frau Schmidt!«

Die Zahl derjenigen, die einmal miterlebt haben, wie vergnüglich ein Kindergeburtstag mit Erstkläßlern sein kann, wird immer geringer. Wer von sich sagen kann, er sei als Erwachsener dabeigewesen, dürfte sicher bestätigen, daß das Repertoire an Spielliedern und Abzählversen bei den Kleinen schier unerschöpflich zu sein scheint. Was die nicht alles schon in ihrem Kopf aufbewahren! – das mag sich einer denken, der gelegentlich mit seinem schlechten Gedächtnis kokettiert.

»Heute kann es regnen, stürmen oder schnein'
Denn Du strahlst ja selber wie der Sonnenschein
Heut' ist Dein Geburtstag, darum feiern wir
Alle Deine Freunde freuen sich mit Dir.
Wie schön, daß Du geboren bist
Wir hätten Dich sonst sehr vermißt...«

Schade – uns Älteren fällt mangels Masse bestenfalls »Happy Birthday« ein. Doch wer kommt schon auf die Idee, vorsätzlich einfach einmal ein Geburtstagslied oder gar ein Gedicht auswendig zu lernen. Schließlich haben einstweilen viele an den Hochschulen einen heißen Tip erhalten, den sie großzügig weitergeben: Was man nicht weiß, kann man doch nachschlagen! Der »geistige Grundbesitz« steht deshalb in der Bibliothek und eine mehr oder weniger zufallsbedingte Aus»wahl« davon im eigenen Bücherregal. Zweifelhaft aber bleibt, ob jemand, der im Deutsch-Unterricht einem Text immer nur Kommunikationsmodelle anprobiert hat, überhaupt noch sucht bzw. das Gesuchte auch findet.

So mag denn auch die Wahrscheinlichkeit nicht gerade deutlich über dem Zufall liegen, daß er alte Gedichtbände hervorkramt und dabei auf diese Verse stößt:

»In einem leeren Haselstrauch,
da sitzen drei Spatzen Bauch an Bauch.

Der Erich rechts und links der Franz
und mitten drin der freche Hans.

Sie haben die Augen zu, ganz zu,
und oben drüber, da schneit es – hu!

Sie rücken zusammen dicht, ganz dicht...
so warm wie der Hans hat's niemand nicht.

Sie hör'n alle drei ihrer Herzlein Gepoch, –
und wenn sie nicht weg sind, so sitzen sie noch.«

So ist es! sagen die Kinder und lassen sich vom Sprachwitz dazu verführen, daß Ganze mühelos auswendig zu lernen. Und der Erwachsene wird von der Freude der Kleinen angesteckt und entdeckt bei dem Anlaß noch andere amüsante Gedichte von Christian Morgenstern. Mehr noch – er läßt sich hinreißen, gemeinsam mit seinem Kind einige Verse zu lernen, obwohl er als real veranlagter Mensch grundsätzlich anwendungsorientiert denkt. Wozu kann er schon »Die drei Spatzen« gebrauchen?

Doch er fragt nicht mehr danach, und außerdem zerbrechen sich darüber andere Leute ihren psycho- und soziolinguistischen Kopf und haben in diesen Versen sicher bereits das Wesen des Kapitalismus ausgemacht.

»Doch ich darf nicht weiter loben.« So bremst sich Hartmut von Hentig in einer Märchen-Rezension. »Das könnte die Pädagogen anlocken, und dann wär's um die Lust und die Neugier und die Unbefangenheit alsbald wieder geschehen.«[44]

Das ist wohl eher ironisch gemeint, wäre aber schlimm, wenn es so wäre. Schließlich führt der Königsweg zu Literatur und Dichtung nicht über die (kritische) Textanalyse, sondern über das, was Freud einmal als »Wortlustgewinn« bezeichnet hat.

Und es sind die Kleinen, die das schon bezeugen:

Ene, mene, miste und raus biste –
raus bist du noch lange nicht,
mußt erst sagen wie alt du bist:
1, 2, 3, 4, 5 – weg!

Lernen macht Spaß. Aber wozu das den Kindern sagen? In ihrer Unbefangenheit merken sie doch gar nicht, daß sie es tun: was ihr Herz akzeptiert, läßt der Kopf bereitwillig ein.

Man muß ihnen freilich erst einmal etwas anbieten, man muß als Mutter oder Vater selbst etwas besitzen, auf das man zurückgreifen kann. Und da sieht es nach einer jüngsten Umfrage des Instituts für Demoskopie Allensbach bei den Deutschen anscheinend mager aus. »Wissen Sie«, wurden über 2000 Bundesbürger gefragt, »wer den ›Erlkönig‹ gedichtet hat?« 71 Prozent hatten keinen blassen Schimmer.

Aber wissen Sie, von wem das Lied »Winter ade, scheiden tut weh« stammt? Oder »Alle Vögel sind schon da«? Oder »Summ, summ, summ, Bienchen summ herum«?[45]

Zugegeben – man kann auch in Unkenntnis der Autorenschaft diese Lieder mit seinen Kindern fröhlich singen, wenn einem überhaupt der Sinn danach steht. (Übrigens verdanken wir dem Verfasser der drei genannten Lieder auch »Ein Männlein steht im Walde ganz still und stumm«.) Aber Namen erleichtern nun einmal die Orientierung in der vielfältigen Welt der Dichtung und machen Kinder neugierig darauf, von dem einen oder anderen noch mehr zu hören.

»Haben Sie im letzten Jahr mal ein Gedicht gelesen oder nicht?« Während laut Allensbach 49 Prozent der Frauen diese Frage bejahten, waren es bei den Männern nur 34 Prozent. Abgesehen davon, daß man diese Zahlen getrost wacker nach unten korrigieren darf, ist solch eine Frage heute schon fast eine Zumutung – wie das Memorieren von Gedichten in der Schule. Deshalb kann man von Glück sagen, daß es immer noch Lehrer und Lehrerinnen wie zum Beispiel Frau P. gibt, die Kindern die Lust und die Neugierde und die Unbefangenheit erhalten, indem sie ihnen den harmlosen Spaß bereiten, ein Gedicht oder Lied auswendig zu können.

Spielzeug – oder Wie der Spaß beizeiten aufhört

»Würdest du mir wohl eine der originellen Spielzeug-Guillotinen, wie es sie jetzt zu kaufen gibt, für meinen Sohn besorgen können?«

Goethe war es, der 1793 – der Wohlfahrtsausschuß unter Robespierre hatte gerade seine Schreckensherrschaft etabliert – in einem Brief an seine Mutter diesen Wunsch vortrug. Aber Frau Rath war von dem Ansinnen ihres Sohnes nicht sonderlich erbaut und antwortete abschlägig: »Lieber Sohn, alles was ich dir zu Gefallen thun kann, geschieht gern und macht mir selbst große Freude. Aber eine solche infame Mordmaschine zu kaufen, das thue ich um keinen Preiß!«

Vorbei sind die Zeiten, als die Auswahl des rechten Spielzeugs eine Sache von Eltern und Großeltern war, denn heute hat ein Dritter, meist ein Professor, seine Hände mit im Spiel: »Spielzeug«, doziert einer, »muß die Eigenaktivität des Kindes fördern und ihm helfen, Situationen des täglichen Lebens im Spiel zu bewältigen.«

Spielen soll also kein Kinderspiel mehr sein – und schon gar nicht die elterliche Entscheidung in dieser Angelegenheit. Nehmen wir jene Tochter, die sieben Jahre alt wird und sich für ihre Puppe neue Kleider wünscht. Doch welche Hilfestellung könnte ihr aus solch einem Geschenk in Richtung Daseinsbewältigung erwachsen, wo sie sich doch schon lange allein an- und ausziehen kann? Schon mit der Puppe war das ja eine problematische Sache, weil doch inzwischen jedem geläufig ist, daß man das Risiko einer frühzeitigen Mutterrollenfixierung nicht unterschätzen darf. Aber eine Dampfmaschine oder elektrische Eisenbahn hätte bei der Kleinen wenig Gegenliebe gefunden.

Doch wer versucht sein sollte, mit derartigen Mitteln ungeachtet der kindlichen Neigungen sozusagen gegen den »Chromosomensatz anzuerziehen«, hat wieder den Professor und Präsidenten des Kinderschutzbundes gegen sich: »Spielzeug, das auf Knopfdruck irgendwelche Funktionen ausführt, vermittelt dem Kind das Gefühl einer Scheinmacht, die es in Wirklichkeit nicht besitzt. Das Kind muß fast gar nichts tun, kann aber doch unheimlich viel bewirken. Das führt leicht zu einer falschen Einschätzung seiner Fähigkeiten.«

Wie arglos doch manche Eltern sind, wenn sie ihren Kindern erlauben, am täglichen Leben teilzunehmen. Weg mit den Fingerchen von der TV-Fernbedienung, vom Telefon, vom Taschenrechner und von Papis elektronischer Schreibmaschine – auch wenn die Korrekturtaste so toll wie der »Fehlervogel« zu funktionieren scheint. Wer sein Kind den Geschirrspüler in Gang setzen läßt, leistet einen ungewollten Beitrag zu kindlichen Fehleinschätzungen und gegebenenfalls zum Größenwahn. Und daß Computerspiele ein Teufelszeug sind, liegt auch längst auf der Hand und laut professoraler Auskunft daran, daß man immer wieder nur dasselbe tun kann: »Zum Glück«, freut sich der Fachmann, »verlieren Kinder sehr schnell das Interesse an solchem Spielzeug.« Sollte sich ein Kind nicht rechtzeitig lustlos bei der Wiederholung ein und desselben Spielvorganges zeigen, müßte man wohl gegebenenfalls einen Psychologen konsultieren.

Aber es gibt noch eine andere schwerwiegende Frage, der sich Eltern zu stellen haben: Aus welchem Stoff

Ich WÜNSCHE nicht, daß Sven durch deine Mutter gegen seinen Chromosomensatz erzogen wird! Könntest du ihr das mal klarmachen?

besteht eigentlich das ideale Spielzeug? Möglichst aus Stoff, rät der Experte, weil er sich angenehmer anfaßt als kaltes Metall oder Plastik. Für viele kommt diese Empfehlung leider zu spät, weil ihre Kinder bisher ungehindert nichts lieber taten, als mit einem Hammer kalte Nägel in ein Brett zu schlagen.

Im »spielfreudigen Land der Germanen« (Tacitus) haben jene Spiele verspielt, die ohne Anliegen oder eine lebensverbesserische Botschaft daherkommen. Konkurrenzspiele mit ihrer kapitalistischen Ideologie sind des Teufels – wir haben jetzt »kommunikative« Spiele nach der Devise »niemand verliert, alle gewinnen gemeinsam«. Da muß man sich zwar ernsthaft anstrengen, damit halbswegs Freude aufkommt – dafür ist die Sache aber gut gemeint.

Wer nun immer noch nicht weiß, ob er »Monopoly« wegwerfen und durch »Ökolopoly« ersetzen muß, dem könnte vielleicht durch einen Zeitgenossen von Goethe geholfen werden. Der war seinerzeit in Jena auch Professor – zwar nicht für Pädagogik, sondern für Geschichte – und bemerkte zu diesem Thema:

»Der Mensch spielt nur, wo er in voller Bedeutung des Wortes Mensch ist, und er ist nur da ganz Mensch, wo er spielt.« Sicher wäre Friedrich Schiller mit dem Zusatz einverstanden, daß man die Menschenkinder allerdings selbst herausfinden lassen muß, mit welchem Spielzeug sie ganz *sie selbst* sein können. Dabei sind gewiß auch Anregungen von Seiten der Erwachsenen immer willkommen, sofern es ihnen gelingt, sich in die Schuhe der Kinder zu stellen bzw. sie sich von der Vorstellung verabschieden mögen, daß das Spiel unbedingt im Dienste der Persönlichkeitsveredelung zu stehen habe.

Der Publizist Johannes Gross bleibt diesbezüglich eher skeptisch, wenn er lakonisch feststellt:

»Spaß muß sein! Ein deutscher Imperativ.«

Angst – oder Ist ein Atompilz schön?

»Papi, ich kann nicht einschlafen – ich habe Angst.«

»Wovor fürchtest du dich denn, Lena?«

»Ich weiß nicht – ich denk immer, daß was Schreckliches passiert...«

»Komm – Papi singt dir noch was vor... und dann schläfst du schön, ja?!«

»Ich weiß nicht...«

»Aber Lena – in unserem Haus kannst du dich doch ganz sicher fühlen...«

Moment mal! Kann sie das denn wirklich? In der jüngsten Veröffentlichung der Aktion »Das sichere Haus« jedenfalls war zu lesen, daß die eigenen vier Wände die schlimmsten Horroreffekte bereithalten. Wer nach der Lektüre nicht um Leib und Leben seiner Familie bangt, kann nur abgestumpft sein. Die vielen Warnungen müßten einen geradezu vor die Haustür treiben, wo der Blick dann möglicherweise auf Lenas Sandkiste fiele – eine Gefahrenquelle ersten Ranges. So jedenfalls will es das Gutachten Nr. 1171054 des bayerischen TÜV, denn das Ding ist völlig verseucht (übrigens lange vor Tschernobyl).

Und dann erst die Sache mit den Fluorid-Tabletten gegen Karies: drei Jahre lang hat Lena das Zeug geschluckt, weil die Fachleute es für einen Segen hielten und die Eltern ihr diesen auch zukommen lassen wollten – nun ist plötzlich von möglichen Gen-Schädigungen als Folgewirkung die Rede. Hätten wir nur nicht...

Aber das alles weiß Lena ja gar nicht und braucht sich

folglich darüber auch nicht zu ängstigen. Aber vielleicht hat man ihr jene Geschichte erzählt, die ein Religionslehrer seinen neun- bis zehnjährigen Schülern kürzlich vortrug: Wißt ihr eigentlich, hat er sinngemäß gesagt, daß eure Stadt im Falle eines Atomkrieges als erste dem Erdboden gleichgemacht wird?

Den Gottesmann muß der Teufel geritten haben. Was kann eine solche Information bei Kindern anderes bewirken als diffuse Angst? Und dann die »Internationale Vereinigung der Ärzte zur Verhinderung des Atomkriegs«: Daß wir darüber aufgeklärt werden, wie es im Falle einer atomaren Katastrophe um die ärztliche Heilskunst bestellt sein mag, ist gut – aber daß man Kinder und Jugendliche mit einem furchterregenden Fragebogen verfolgt, ist zumindest pädagogisch zweifelhaft. Welche Auskunft über das kindliche Gemüt in unseren Zeiten versprechen sich die Initiatoren dieser Aktion wohl von der Frage »Hast du Angst davor, daß ein Atomkrieg ausbricht oder ein Atomkraftwerk explodiert?« Ja? Ein wenig? Gar nicht?

Heiner Müller, Dramaturg an der Volksbühne in Ost-Berlin, wurde kürzlich gefragt, ob es »eine Lust am Untergang, eine Freude auf die Apokalypse« gäbe. Seine Antwort: »Natürlich. Das ist ähnlich wie die Situation des Frontsoldaten, die die Deutschen immer am besten beschrieben und auch am meisten genossen haben. Man ist frei von allen Verpflichtungen, aus allen Bindungen, und man ist ein freier Mensch. Denn irgendwann kommt der Befehl, man steigt raus aus dem Graben, und vielleicht wird man getroffen, vielleicht nicht. Also ist man für nichts mehr verantwortlich. Das ist das Schlimme daran, und diese Lust ist dann ganz negativ.«

Ich habe Angst! Dieses Selbstbekenntnis, mit dem sich so mancher nicht ohne Selbstgefallen zuzieren scheint, weist vor allem aber auf einen Menschen, der sich keinen

Deut um die kindliche Seele schert. Nicht, daß es keinen Grund gäbe, sich zu sorgen – doch das Gerede über den Weltuntergang sollte wenigstens vor den Jüngsten haltmachen, auf deren natürliche Unbekümmertheit man schließlich bisher recht neidisch sein konnte. Der Handel mit »Angstmachern« macht Angst, weil er vermutlich weniger das allgemeine Bewußtsein für die Gefährdungen des Lebens, sondern vielmehr die allgemeine Abstumpfung fördern wird. Und dabei war noch gar nicht von jenen Kopfakrobaten die Rede, die das intellektuelle Kunststück vollbringen, zugleich den Untergang *und* den menschlichen Fortschritt verkünden zu können.

Chancengleichheit – oder Du hast keine, darum nutze sie

»Ein Müller hatte drei Söhne, seine Mühle, einen Esel und einen Kater; die Söhne mußten mahlen, der Esel Getreide holen und Mehl forttragen und die Katze die Mäuse wegfangen. Als der Müller starb, teilten sich die Söhne in die Erbschaft, der Älteste bekam die Mühle, der zweite den Esel, der dritte den Kater, weiter blieb nichts für ihn übrig.«

So ist das Leben! Aber das Märchen der Gebrüder Grimm hält bekanntlich Trost bereit, weil derjenige, der sich bereits vom Start weg in aussichtsloser Position befindet, am Ende doch das Rennen macht. Und damit wäre man beim sattsam bekannten Marschallstab etc. ...

Chancengleichheit – ein Begriff, der in die Jahre gekommen ist! Ein Begriff vor allem, der enttäuscht hat. Dabei meinte es die OECD gewiß gut mit dem, was sie verkündete – den »gleichen Zugang zu Bildungsinstitutionen jenseits der Schulpflichtgrenze für alle Kinder mit gleichen gemessenen Fähigkeiten, unabhängig von Geschlecht, Rasse, Wohnort, sozialer Herkunft oder anderen in diesem Zusammenhang unbedeutenden Kriterien«.

Kein Zweifel – hier hat es in den letzten Jahrzehnten große Fortschritte und eine noch größere Fehleinschätzung gegeben: Chancengleichheit, stellte der Amerikaner Christopher Jencks fest, führt zu ungleichen Ergebnissen. Auch wenn man den menschlichen Anlagen nicht sonderlich viel an Einfluß zubilligen mag, leuchtet das ein. Und dann müßte man auch Hermann Lübbe zustimmen, wenn er hervorhebt: »Rechtlich gewährleistete Gleichheit definiert lediglich die Ebene, auf der nun diejenigen Unterschiede um so auffälliger werden, auf die sich Rechtsgleichheitsgrundsätze gar nicht erstrecken können.« Gleiche Lernchancen bedeuten folglich noch lange nicht gleiche Lebenschancen. Und wer – selbstverständlich völlig zu Recht – für jedermann die gleichen Zugangschancen zu den verschiedensten Ausbildungseinrichtungen fordert, muß sich gleichzeitig darüber im klaren sein, daß er damit den Anlagen eines Menschen und anderen unkontrollierbaren Faktoren einen unerhörten Einfluß einräumt.

EineAuslese, diese betrübliche Feststellung ist hier zu machen, findet allemal statt. Betrüblich ist daran aber besonders, daß sie trotz der halbwegs erreichten Startchancen-Gleichheit immer häufiger auf Kriterien beruht, die mit dem Ausbildungsergebnis wenig zu tun haben. Inzwischen wurde nämlich vor allem in Firmen eine neue Spezies gesichtet, die Insidern unter dem Namen KUKI, MIKI oder PROKI geläufig ist. Wer in Kenntnis der Führungsmannschaft und Großkunden eines Unternehmens die Namensliste der Auszubildenden durchgeht, mag an keinen Zufall glauben: MItarbeiter-KInder, KUnden-KInder und PROtektions-KInder bringen ganz offensichtlich die besseren Voraussetzungen mit, um einen Einstellungstest zu bestehen. Diese günstigen Voraussetzungen – das ist freilich nur ein Verdacht – scheinen aber weniger in den besseren Schulnoten oder der überdurchschnittlichen Intelligenz zu liegen, als vielmehr in dem, was die Verfechter des Prinzips der Chancengleichheit als »Zufall der Herkunft« für den Lebensweg eines Menschen unwirksam machen wollten.

Was bleibt, ist Ratlosigkeit und die Erinnerung an jene beißende Satire, die George Orwell einst mit seiner »Animal Farm« vorlegte:

»ALL ANIMALS ARE EQUAL
BUT SOME ANIMALS ARE MORE
EQUAL THAN OTHERS«

Der Vater, der für seinen Liebling den besten aller Lebenswege anstrebt, glaubt nicht mehr so recht an das Chanchengleichheitsversprechen der Bildungspolitiker und kompensatorischen Erzieher. Er hält auch nichts vom Bauern-Bonus in der DDR, von Notengutschriften für Arbeiterkinder (was in Hessen vorübergehend praktiziert wurde) oder von einer Verlängerung der Schulzeit für diejenigen, die sich beim Lernen schwertun. Wer Privilegien gezielt mit »Gegen-Privilegien« zu bekämpfen sucht, so denkt er, beteiligt sich an jenem üblen Spiel, bei dem die Kinder meist die Verlierer sind. Privilegien haben nämlich durchaus ihren Preis, auch wenn er meist erst sehr viel später von dem zu entrichten ist, der in ihren zweifelhaften Genuß kam. Den MIKI, KUKI und PROKI erwartet aber früher oder später jener Tag, an dem niemand mehr da oder bereit ist, für freie Bahn zu sorgen. Auf sich selbst zurückgeworfen, mag sich dann herausstellen, daß der Körper lahm, die Seele labil und der Geist stumpf geworden ist.

Der Vater, der sich nichts sehnlicher als Chancengleichheit für seine Tochter wünscht, fühlt sich deshalb in seinem Vorsatz bestärkt, ihr bei aller Fürsorge immer wieder die Chance zu geben, ihre körperlichen, seelischen und geistigen Kräfte an Hindernissen auszuprobieren und zu entfalten.

Jugend – oder Von der Aufmüpfigkeit

»Sie werden aufsässig und können es schließlich nicht mehr ertragen, wenn man nur ein klein wenig Unterordnung von ihnen verlangt. Am Ende verachten sie dann auch die Gesetze, weil sie niemand und nichts mehr als Herr über sich anerkennen wollen. Und das ist der schöne, jugendfrohe Anfang der Tyrannei.«

Arnold Gehlen? Helmut Schelsky? Ein gebeutelter Vater oder Lehrer?

Nein – der Mann, von dem dieser eher sarkastische Befund stammt, ist seit über 2300 Jahren tot und uns unter dem Namen Plato geläufig.

Ob der Schüler des Sokrates wirklich Grund zu solch heftiger Klage über die damalige Jugend hatte, läßt sich natürlich heute nicht mehr prüfen. Bekannt aber ist, daß aus Platos eigenem Schüler durchaus etwas geworden ist – immerhin legte Aristoteles die Fundamente für die Logik, Psychologie und Biologie. Und dessen Schüler wiederum ging als Alexander der Große in die Geschichte ein und schuf die Voraussetzungen für die Blütezeit des Hellenismus.

Nun sind heutzutage Eltern und Lehrer sicher etwas bescheidener, was die Ergebnisse ihrer Bemühungen betrifft, und einen Welteroberer wollen sie schon gar nicht aus ihren eigenen Reihen hervorbringen. Wenn der Nachwuchs doch nur nicht alles so ganz anders machen wollte – das wäre schon schön! Man meint es doch nur gut mit den Jungen, will sie vor unüberlegtem Tun bewahren – aber nein: statt dessen »sind wir schon so weit, daß sich die Jüngeren den Älteren gleichstellen, ja gegen sie auftreten in Wort und Tat, die Alten aber setzen sich unter die Jungen und suchen sich ihnen gefällig zu machen, indem sie ihre Albernheiten und Ungehörigkeiten übersehen oder gar daran teilnehmen, damit sie ja nicht den Anschein erwecken, als seien sie Spielverderber oder auf Autorität versessen. Auf diese Weise werden die Seele und die Widerstandskraft aller Jungen allmählich mürbe«.

Der letzte Satz des Zitats (Plato, Politeia, Buch VIII) überrascht denn doch: Ist es nicht ein Zeichen unbändiger Widerstandskraft, wenn ein einunddreißigjähriger Mann am vierten Advent einen Molotow-Cocktail auf die Fluggastbrücke am Frankfurter Flughafen schleudert? Die Polizei fand in seiner Wohnung viel Explosives, unter anderem einen fertigen Brandsatz mit Zeitzünder und diverse andere gefährliche Flüssigkeiten. Kann die Seele eines Menschen »mürbe« sein, wenn er solche Dinge bei sich zu Hause hat?

Aber möglicherweise läge Plato mit seiner Diagnose heute doch nicht so falsch, vielleicht trifft sie sogar exakt auf jenen Einunddreißigjährigen zu, der mit dem Anschlag aus dem Hinterhalt womöglich nur seine innere Leere zu bekämpfen sucht. Der Molotow-Cocktail als Hilferuf und Warnung zugleich: Seht – ich bin auch noch da! Ihr dürft mich doch nicht einfach vergessen!

Natürlich könnte hier der Einwand kommen, daß es sich in diesem Beispiel doch gar nicht um einen Jugendlichen handele. Doch dem wäre entgegenzuhalten, daß die Spanne zwischen Kindheit und Erwachsensein in den letzten Jahren ständig nach oben hin erweitert wurde. Die »Jungen« gehen immer länger in die Schule, sind immer länger planmäßig inszenierten »Sandkastenspielen« ausgesetzt, bleiben immer länger unter Gleichaltrigen und sind – vor allem – länger von den Älteren abhängig. Wo sie schon lange keine Kinder mehr sind, werden sie noch längst nicht als Erwachsene gesehen und akzeptiert.

Die eigentliche Schizophrenie besteht nun darin, daß der Gesetzgeber zum einen zwar die Phase der Jugend ausgedehnt, zum anderen aber zugleich verkürzt hat: wer heute achtzehn ist, hat formal dieselben Rechte und Pflichten wie ein Erwachsener. Man billigt ihm im Vergleich zu früher ein größeres Maß an Geschäftstüchtigkeit und Einsichtsfähigkeit in politische und wirtschaftliche Dinge zu, obwohl der Schritt ins Berufslebens und damit in die ökonomische Selbständigkeit in immer größere Ferne rückt – bei manchen gar ständig unwahrscheinlicher wird. Hü bei gleichzeitigem Hott!

Kann man jemanden ermuntern, beim gemeinsamen Fußballspiel begeistert mitzumachen, wenn er von vornherein weiß, daß seine Tore gar nicht zählen? »Auf diese Weise werden die Seele und die Widerstandskraft aller Jungen allmählich mürbe.«

Die Betroffenen reagieren freilich auf zermürbende Umstände verschieden: wo die einen ihre Aggressionen nach außen freisetzen, zerstören die anderen sich selbst, denn wenn man der Statistik trauen darf, ist die Selbstmordrate unter den Heranwachsenden in den letzten Jahren erheblich angestiegen. Ein Graffito fordert gar unmißverständlich dazu auf, Hand an sich zu legen: »Zerstör, was dich zerstört – zerstör dich selbst!«

Ob Molotow-Cocktail oder Goldener Schuß – viele Jugendliche haben wohl bei der Suche nach einer wie auch immer beschaffenen »Wahrheit« vollends die Orientierung verloren und vor allem die Hoffnung aufgegeben, daß da irgendwo jemand ist, der ihnen sagen kann, wo es längsgeht. Die Eltern jedenfalls sind in den letzten Jahren so diffamiert worden, daß sie als Leitbilder, unter denen man seinen eigenen Weg einschlagen könnte, nicht mehr taugen. Und wo bleiben die vielen anderen, die das Wohl der Jugend auf ihre Fahnen geschrieben haben? Vieles spricht dafür, daß sie genau jenen Fehler machen, den Plato den Lehrern seinerzeit vorwarf: »Und auch die Lehrer zittern bei solchen Verhältnissen vor ihren Schülern und schmeicheln ihnen lieber, (...), so daß die Schüler sich nichts mehr aus solchen Lehrern machen.«

Aber wer mag jemandem schon Dinge sagen, die dieser gar nicht so gerne hören will? Da muß man es wirklich sehr gut mit einem Menschen meinen.

Legasthenie – oder Freitag, der 13.

Wenn der Freitag auf den 13. fällt, warnt ein Automobil-Club, passieren 30 Prozent mehr Unfälle auf den Straßen als an »normalen« Freitagen. Und bei den Unfallopfern seien gar 50 Prozent mehr Todesfälle zu registrieren.

Da mag so mancher an solch einem Tag lieber im Bett bleiben – es sei denn, er erinnert sich an den spöttischen Rat von Churchill, nur *der* Statistik zu glauben, die man selbst gefälscht habe.

Aber vielleicht sollte man sich die Rechnung, die jener Automobil-Club recht publikumswirksam für 1984 aufmachte, einfach einmal anschauen: Man verglich die drei Freitage, die damals auf einen 13. fielen, mit dem Durchschnitt aller Freitage des Jahres und stellte fest, daß die Zahl der Verkehrstoten an den »kritischen Tagen« von 25 auf 37 im Schnitt anstieg, die Anzahl der Unfälle mit Personen- oder schwerem Sachschaden gar von 1316 auf 2158. Wem das nicht Beweis genug ist, der schaue in seinen alten Kalender und werde nachdenklich.

Ganz richtig – da gab es drei »Freitag, den 13.«: einen im Januar, einen im April und einen im Juli. Im Januar? Aber da lagen doch Eis und Schnee! Im April? Wie üblich – Schmuddelwetter! Im Juli? Zwei Bundesländer waren soeben in die Ferien gestartet und auch sonst begab sich alles auf Achse, was einen fahrbaren Untersatz besaß. Die Annahme ist wohl nicht verwegen, daß allein aus diesen Gründen mehr passierte. Oder anders:

Darf man aus der Körpergröße dreier monegassischer Basketballspieler das arithmetische Mittel bilden, dies mit der Durchschnittsgröße von 52 zufällig ausgewählten Deutschen vergleichen und daraus dann den allgemeinen Befund ableiten, daß die Menschen in Monaco größer seien? Jeder würde sich einen solchen Unsinn verbitten. Aber zugemutet wird er einem natürlich trotzdem, und oft ist er als solcher eben gar nicht zu erkennen.

Wenn ein Institut für Jugendforschung eine Untersuchung durchführt und verkündet, daß sich zwei Drittel aller acht- bis zwölfjährigen Kinder in der Schule »unglücklich« fühlen, weil sie psychische Schwerstarbeit leisten müßten, alarmiert das zu Recht Mütter und Väter. Wie kann man die armen Würmer nur solch einem Leistungsdruck aussetzen!

Was das aufgeschreckte Publikum allerdings nicht weiß, ist die Tatsache, daß nicht mehr als 100 (in Worten: einhundert) Kinder befragt wurden. Aber wen stört die mangelnde Repräsentativität schon, wenn sich der Befund so munter publizistisch vermarkten läßt. Hauptsache, die Acht- bis Zehnjährigen wissen endlich, wie mies sie sich zu fühlen haben und daß jeder Schultag ein Unglückstag ist.

Der Statistiker kann freilich noch mehr, als nur mutig von einer kleinen Fallzahl auf die Gesamtheit schließen – er kann auch die Prozentsätze selbst relativ frei gestalten.

Wie viele Legastheniker mag es wohl geben, also Kinder, die bei sonst normaler Intelligenz durch eine Lese-Rechtschreib-Schwäche auffallen? Dreißig Prozent? Oder nur zwanzig Prozent? Oder vielleicht gar keine?

Das kommt darauf an, wie viele der Untersuchende gern hätte. »Legasthenie« ist zunächst nichts anderes als ein wissenschaftliches Konstrukt, eine rein hypothetische Kategorie, die mit den tatsächlichen Gegebenheiten gar nichts zu tun haben muß. Aber auch wenn man annehmen mag, daß es das Erscheinungsbild der Legasthenie gibt, zeigt einem der Blick in die Fachliteratur sehr schnell, wie sich die Experten bezüglich der Diagnose in den Haaren liegen.

Völlig zu Recht warnt deshalb Professor Mechthild Dehn vom Fachbereich Erziehungswissenschaften an der Universität Hamburg davor, den Begriff der Legasthenie voreilig zu verwenden – viele Schulanfänger, die ganz normale Schwierigkeiten haben, Lesen und Schreiben zu lernen, würden dadurch zu schnell abqualifiziert und für behandlungsbedürftig erklärt. Aber der Diagnostiker ist eben zum Diagnostizieren da, und wenn er das, was er sucht, auch noch selbst definieren kann, wird er selbstverständlich fündig.

Längst geht – scherzhaft – eine neue Definition von Gesundheit um, die sinngemäß auch hierher paßt:

Ein gesunder Mensch ist ein Mensch, der vom Arzt nur nicht richtig untersucht worden ist.

Erziehung der Erzieher – oder Das Ergebnis ist offen

Wie werden Erzieher gemacht? Hier ein Rezept, das dem Verfasser zufällig an der Universität Hamburg in die Hände kam und keineswegs als repräsentativ für die gesamte Pädagogen-Küche ausgegeben werden soll – obwohl die raffinierte Art, wie die Speisen bereitet und die Gäste bewirtet werden, sich vielerorts bereits durchgesetzt zu haben scheint. Der Koch, der stellvertretend für die anderen vorgestellt werden soll, heißt Dr. Hermann S. und sein Menü »Erwachsenensozialisation I«. Die Anonymität soll gewahrt bleiben, um nicht einem einzelnen zu unbilliger Publizität zu verhelfen.

Nun aber zum Hors-d'œuvre bzw. zur Einführung in die Thematik: Wie der Gegenstand der Kochkunst das Kochen sei, so sei der »Gegenstand der Erwachsenenbildung der erwachsene Mensch«. Wer sich von der ersten Überraschung erholt hat, erfährt dann, daß überhaupt noch nicht geklärt ist, was angerichtet werden soll. Der »Koch« äußert in dieser Frage allerdings die verwegene Hoffnung, daß sich eine Antwort schon beim Essen ergeben werde: »... in der Literatur muß es ja so etwas wie eine Vorstellung vom erwachsenen Menschen geben ...« Dr. Hermann S. beabsichtigt, diese gemeinsam mit den Seminaristen zu finden. Gleichzeitig stellt er auch noch eine »Surprise de la Maison« in Aussicht, auf die er allerdings selbst wohl am neugierigsten ist: »Es gingen mir Fragen durch den Kopf, wie erwachsen bin ich eigentlich?«

Was, mag sich hier der Kursteilnehmer fragen, kommt denn nun auf den Tisch? Doch der »Cuisinier« will das nicht selbst entscheiden und schlägt deshalb vorsichtig »so etwas wie eine mögliche Seminarstruktur« vor – eine »Versuchsstrecke«, wie er meint, »auf der jeder einzelne von uns seine Phantasien, Träume und Lebensentwürfe versucht zu tun«. Na denn prost Mahlzeit!

»Das Ergebnis«, beugt Dr. Hermann S. vor, »ist offen. Ich kann euch nichts versprechen.« Wer jetzt darüber nachdenkt, ob er nicht besser einen Magenbitter bereit halten müßte, kommt durch die folgende Warnung zum Entschluß: »Jeder sollte darauf gefaßt sein, evtl. das Kind in ihm zu entdecken.« Doch wer möchte eine derartige Entdeckungstour in das Innenleben des Dr. S. eigentlich überhaupt unternehmen?

Daß den Magenschleimhäuten der Gäste eine harte Bewährungsprobe bevorsteht, wird vollends deutlich, wenn er die Speisen spezifiziert:

»Methodisch will ich gerne mein pädagogisches und persönliches Handwerkszeug zur Verfügung stellen. Dies wäre u. a. (...) Literatur, Strukturhilfen, meine Phantasien und Träume, ich habe fast 39 Jahre Lebenspraxis.«

Zur Erinnerung: Was hier angerichtet wird, lief an einer Universität unter dem Titel »Erwachsenensozialisation I« und sollte vermutlich einen Beitrag zur Heranbildung zukünftiger Pädagogen darstellen. Wer bisher der grundsätzlichen Auffassung war, daß Hochschullehrer von ihrem Fach eine gewisse Ahnung haben müßten, mag durchaus ins Grübeln kommen.

Andererseits könnte die bescheidene Zurückhaltung des Ausbilders auch ihr Gutes haben. Wo alles offen ist und bleibt, kann niemand auf das falsche theoretische oder ideologische Gleis gesetzt werden und damit selbst offen bleiben für das Einmalige und Einzigartige jeder Erziehungssituation. Dabei müßte allerdings verhindert werden, daß die Seminaristen ihre Teilnahme als Kompetenzzuwachs in Ausbildungsfragen mißverstehen.

Wer aber kann dann Erzieher werden, wenn die Lehrenden sich aus der Wissenschaftsvermittlung nicht viel machen – sei es, weil sie nichts zu vermitteln haben; sei es, weil sie sich gern nach »unten« angleichen? Einen Ausweg, der sinngemäß übertragen werden könnte, weist ein französischer Pädagoge:

»Es sollte genügen, wenn ein Mensch ein Schild aushängt und sagt: ›Ich bin Arzt‹. Seine Patienten werden ihn nach seiner Behandlung beurteilen.« Abgesehen davon, daß man sich als Kranker bei diesem Doktor besser »doubeln« lassen sollte – der Vorschlag erinnert daran, daß nicht immer nur die Konservativen krank im Hirn sind.

Nein – der selbstbewußt formulierte Anspruch, ein Erzieher oder Pädagoge zu sein, kann wohl keine hinreichende Bedingung dafür abgeben, für andere Leute Kinder auch ein Gewinn zu sein. Da müßte wohl noch etwas hinzukommen, etwas, das von Janusz Korczak so umschrieben wird:

»Alle Tränen sind salzig, wer das begreift, kann Kinder erziehen, wer das nicht begreift, kann sie nicht erziehen.«

Kreativität – oder Wie unterdrückt man das Schöpferische?

»Mensch, der du dieses findest, preise Allah für seine Gnade! Wer von dem Pulver in dieser Dose schnupft und dazu spricht: ›Mutabor‹, der kann sich in jedes Tier verwandeln und versteht auch die Sprache der Tiere. Will er wieder in seine menschliche Gestalt zurückkehren, so neige er sich dreimal gen Osten und spreche wieder jenes Wort. Aber hüte dich, wenn du verwandelt bist, daß du nicht lachst, sonst verschwindet das Zauberwort sogleich gänzlich aus deinem Gedächtnis, und du bleibst für immer ein Tier.«

Wilhelm Hauffs »Geschichte vom Kalif Storch« ist eines von vielen Märchen, in denen sich die menschliche Sehnsucht nach dem Zauberwort erfüllt. Ihnen allen gemeinsam ist die Warnung, daß der Besitz einer Zauberformel zu einer zwiespältigen oder gar verhängnisvollen Angelegenheit werden kann: man läuft Gefahr, sich an etwas auszuliefern, was man so nicht wollte und dann nicht mehr los wird.

Während man im Märchen nur durch Zufall oder als Auserwählter in Kenntnis einer geheimen magischen Formel gelangt, ist derartiges heute in jeder Publikumszeitschrift zu haben – so zum Beispiel das Zauberwort »Kreativität«. Wer von diesem Begriff ausreichend durchdrungen ist, wird mit Eifer versuchen, Kindern ihre natürliche Spontaneität auszutreiben: Kreativität ist nicht ohne jene unvermeidliche Palette von Anleitungen und Übungsprogrammen zu haben, die dafür sorgen, daß die Sache auch in die richtigen Bahnen gelenkt wird.

Am Anfang von dem, was heute zum Beispiel als »Kreativitäts-Training« angepriesen wird, steht die Anleitung zur Unaufrichtigkeit, die rücksichtslos bereits bei Dreijährigen ansetzt:

»So, bevor wir mit dem Essen anfangen, schließt alle die Augen und wünscht einem anderen Kind Liebe. Stellt euch dabei vor, ihr haltet das Kind in der Hand.«

Durch solche Übungen, bei denen sich Kinder auf Anweisung Liebe und alles Gute wünschen, werden sie nach Überzeugung der Initiatoren kreativer, spontaner und zufriedener, und eine Gastritis bleibt ihnen später auch noch erspart. So jedenfalls will es die Sozialpädagogin Editha Strümper[46] und geht zur »Polaritätsmasssage« über: Die Kinder erhalten den Auftrag, einander zu streicheln und »mit Worten zu verwöhnen«. Wer Drei- bis Vierjährige leibhaftig noch niemals zu Gesicht bekommen hat, wird zweifellos mit Editha Strümper ins Schwärmen kommen: »Beide Übungen fördern die Wahrnehmung innerer Kräfte. Der eigenen wie die der anderen.«

Was hier gewiß nicht bös gemeint ist, kommt letztlich aber einer Belagerung der Kindheit gleich. Dabei wird mit Druck versucht, bestimmte Gefühle bei den Kleinen hervorzurufen – Gefühle, von denen allgemein bekannt ist, daß sie für ihr Vorhandensein einen entsprechenden Anlaß brauchen, der mit Sicherheit nicht über Appelle zu haben ist. Es müßte den Kindern schon danach zumute sein.

Kreativ-Training – das ist der gewaltsame Versuch, eine Tür einzurennen, die nach außen aufgeht, und es gehört deshalb zu dem Arsenal jener Schlagworte, das für die kindliche Seele nichts als Hiebe bereithält.

Summerhill – oder Das Märchen von der freiheitlichen Erziehung

»Lieber ein glücklicher Straßenfeger als ein neurotischer Gelehrter.« So lautete das Credo von Alexander S. Neill, dessen »Prinzip Summerhill« in den 60er und 70er Jahren Furore machte und gründlich mißverstanden wurde.

Als 1965 Neills Aufzeichnungen unter dem bescheidenen Titel »Erziehung in Summerhill« erschienen, nahm man den 82jährigen Schotten kaum zur Kenntnis. Der Durchbruch kam 1969 mit »Summerhill – Theorie und Praxis der antiautoritären Erziehung«[47] und war in diesem Ausmaß wohl nur möglich, weil man Neill vorsätzlich und gegen seinen Willen zum Begründer eines politischen Erziehungsprogramms erniedrigte. In seiner Autobiographie »Neill, Neill, Birnenstiel« stellt er klar: »Es ist der Titel des Verlages, nicht der meine. Verschiedene junge Deutsche versuchen, das Buch in ihrem Kampf für Kommunismus oder Sozialdemokratie oder was auch immer zu verwenden. Ich sage ihnen, daß das Buch nichts mit Politik zu tun hat... ich konnte nie eine Fahne schwingen, nie eine Parole schreien, ich bin nie in einer Partei politisch oder auf andere Weise aktiv geworden. Ich war immer ein Erzindividualist, der sich mit einem Haufen Kinder beschäftigt.«[48]

Alexander Sutherland Neill war vor allem auch eine Autorität. Jene Freiheit, die er meinte, wollte er niemals als Zügellosigkeit verstanden wissen, und er scheute auch nicht davor zurück, einem Lehrer zu kündigen, dessen Unterricht bei den Schülern nicht ankam. Gerade als allgemein respektierte Vaterfigur hatte er die besten Aussichten, die ihm anvertrauten Kinder zu selbständigen und aufrichtigen Menschen ohne die Anwendung von äußeren Zwangsmaßnahmen heranwachsen zu lassen. Es ist ihm offensichtlich gut gelungen, und das muß sicher daran gelegen haben, daß er niemals Partei für eine pädagogische Theorie, dafür aber immer für das Kind ergriff:

»In meinem Fall sind es nicht meine psychologischen Kenntnisse, die es mir erlauben, einem Kind zu helfen, es ist meine Fähigkeit, selbst wieder ein Kind zu sein und seinen Standpunkt zu sehen.« Diese Erziehungspraxis »vom Kinde aus«[49] war alles andere als »antiautoritär«, denn für Neill endete die Freiheit des einzelnen recht deutlich genau dort, wo sie zum Nachteil eines anderen durchgesetzt wurde.

So allerdings konnte die 68er Generation den alten Schulmeister aus Summerhill überhaupt nicht gebrauchen, und deshalb schreckte sie nicht davor zurück, ihn in ihrem Sinne »umzufunktionieren« und seine Autorität zu nutzen, um Autoritäten in Fragen zu stellen. Der bescheidene Mann, der zeitlebens eine Abneigung gegenüber Theorien hatte (»Ich weiß nicht viel, aber genug, um meinen Beruf auszuüben«), mußte hilflos miterleben, wie andere in reiner Willkür aus seinen Ideen eine »Theorie der antiautoritären Erziehung« machten. Nein – das hatte er wirklich nicht verdient, er, der seine Schützlinge glücklich machen wollte – was für ihn hieß, »am Leben interessiert« zu sein. Neill wollte die Kinder auf das Leben neugierig machen, er setzte auf die »Kraft der Bejahung« und gehörte deshalb niemals zu jenen »Hinterfragern«, die alles außer sich selbst in Zweifel zogen.

Summerhill – das ist die nachahmenswerte Erziehungspraxis eines »Einzelindividualisten«, die Kindern gerecht wird, weil ein jedes als einmaliges und einzigartiges Individuum angenommen wird. Und in diesem Punkt blieb Alexander S. Neill konsequent bis zu seinem Ende: er hinterließ kein Lehrbuch zur Erziehung.

Nachwort – oder Vom Positiven

»Ja, weiß der Teufel, wo das bleibt.« So beantwortete sich einst Erich Kästner die selbstgestellte Frage, wo denn das Positive in der Welt bleibe. Ach ja – das Positive! Der Vater einer siebenjährigen Tochter besteht darauf, daß seine Bemerkung zur Erziehung (fast immer) gut gelaunt dahergekommen sind. Das könnte zum einen daran liegen, daß er sich in eigener Sache doch befugt fühlt und zum anderen auch daran, daß – wenn es um Kinder geht – jegliche Verbissenheit fehl am Platze ist. (Dabei ist freilich nicht ganz auszuschließen, daß er bereits in jener Grube steht, die er sich selbst sorgsam ausgehoben hat.)

Bei aller Kritik also an den Experten unterschiedlichster Herkunft, die sich wie die Heuschrecken über die Familie hergemacht haben, gibt es da zum Beispiel Frau K., eine Kindergärtnerin, wie man sie sich nicht besser vorstellen kann. Oder Frau P., die Lehrerin, die sich bemüht, den Kindern täglich ihr Bestes zu geben. Und natürlich sind hier auch jene Sozialarbeiter, Bewährungshelfer und Therapeuten zu erwähnen, die ihren Beruf in einem völlig antiquierten Sinne als Berufung begreifen. Da gibt es Leute, die ihren sozialen Dienst als Dienst verstehen und die ihre Kraft und Freizeit in eine für sie honorige Sache investieren.

Nicht zu verschweigen ist außerdem, daß es Frauen und Männer gibt, die so wenig mit sich selbst zurande kommen, daß sie ihren Kindern nur die Hölle bereiten können: da mögen dann gesellschaftliche Einrichtungen der Fürsorge und Kontrolle durchaus das Schlimmste verhüten.

Positiv ist auch, daß der mit eiserner Hand regierende Erzieher ausgestorben ist, daß dem onanierenden Jüngling kein Schwund des Rückenmarks mehr in Aussicht gestellt wird und der Vorhalt »als ich in deinem Alter war ...« wohl inzwischen die Ausnahme bleibt.

Das alles ändert nichts daran, daß die Experten so manchem – und nicht zuletzt sich selbst – so manche Enttäuschung beschert haben und weiter bescheren werden. Und alles nach dem Verfahren: Der Sieg hat viele Väter, die Niederlage keinen. Es geht aber nicht an, daß jemand zu seiner Vaterschaft nur steht, wenn und solange es ihm genehm ist. Dem sollte ein wenig abgeholfen werden.

Und daraus könnte dann auch der Mut erwachsen, jenen, die Thesen und Theorie *über* das kindliche Leben stellen, mit Kurt Tucholsky zuzurufen:

»Besser seid ihr auch nicht als wir und die vorigen. Aber keine Spur, aber gar keine –«.

Anmerkungen

1 Watson, John Broadus: Psychology from the standpoint of a behaviorist, 1919
2 Laub, Gabriel: Alle Macht den Spionen, 1978
3 Andersen, Hans Christian: Märchen und Geschichten, 1980
4 Monk, Egon, in: ZEIT-Bibliothek der 100 Bücher, 1980
5 Das Nibelungenlied, vergl.: ZEIT-Bibliothek der 100 Bücher, 1980
6 Verny, Thomas/Kelly, John: Das Seelenleben des Ungeborenen. Wie Mütter und Väter schon vor der Geburt Persönlichkeit und Glück ihres Kindes fördern können, 1983
7 Küngelgen, Wilhelm von: zitiert nach: Kursbuch 72, 1983
8 BETRIFFT: ERZIEHUNG, Juli 1975
9 Begabung und Lernen, 1968
10 Korczak, Janusz: Von Kindern und anderen Vorbildern, 1979
11 Schmidtbauer, Wolfgang: Helfen als Beruf, 1983
12 Camus, Albert: Reisetagebücher, 1980
13 Richter, Horst E.: Flüchten oder Standhalten, 1976
14 Eibl-Eibesfeldt, Irinäus: Der vorprogrammierte Mensch, 1973
15 Giesecke, Hermann: Das Ende der Erziehung, 1985
16 Ariès de, Philippe: Geschichte der Kindheit, 1975
17 Begabung und Lernen, 1968
18 Fallstudie »Gesamtschulalltag« von Jürgen und Ursula Diederich und Christoph Wulf, in: DIE ZEIT Nr. 43, 1980
19 zitiert nach Erich H. Wurster
20 Gordon, Thomas: Familienkonferenz in der Praxis, 1981
21 Chargaff, Erwin: Die verfolgte Wahrheit, in: Kursbuch 78, 1984
22 in: Frankfurter Allgemeine Zeitung Nr. 75, 1978
23 zitiert nach: BETRIFFT: ERZIEHUNG, Januar 1982
24 Flaubert, Gustave: Bouvard und Pécuchet, 1979
25 von Tacitus überliefert
26 Frisch, Max: Stichworte, 1975
27 Hebel, Johann Peter: Poetische Werke, o. J.

28 Hentig von, Hartmut: in: ZEIT-Bibliothek der 100 Bücher, 1980
29 Frisch, Max: Homo faber, 1957
30 Gehlen, Arnold: Die Seele im technischen Zeitalter, 1961
31 Laub, Gabriel: a.a.O.
32 Goethe, Johann Wolfgang: Die Leiden des jungen Werther, 1979
33 Hans-Wolf Jäger in einem Nachwort zu Goethes »Werther«
34 Miller, Alice: Am Anfang war Erziehung, 1980
35 Allgaier, Kurt: Elternlexikon, 1985
36 Hofstätter, Peter R.: Sozialpsychologie, 1973
37 zitiert nach Argyle, Michael: Soziale Interaktion, 1972
38 Korczak, Janusz: a.a.O.
39 zitiert nach: Frankfurter Allgemeine Zeitung Nr. 230, 1985
40 zitiert nach: TransAtlantik Nr. 1, 1986
41 TransAtlantik: a.a.O.
42 Adam, Konrad: in: Frankfurter Allgemeine Zeitung Nr. 144, 1980
43 zitiert nach: Kursbuch 80, 1985
44 Hentig von, Hartmut: a.a.O.
45 Hoffmann von Fallersleben
46 zitiert nach »Unser Kind«, 2, 1986
47 Neill, Alexander S.: Theorie und Praxis der antiautoritären Erziehung, 1969 (Taschenbuchausgabe von Neill, Alexander S.: Erziehung in Summerhill, 1965)
48 Neill, Alexander S.: Neill, Neill, Birnenstiel, 1973
49 Montessori, Maria: Kinder sind anders, 1967; Montessori, Maria: Selbsttätige Erziehung im frühen Kindesalter, 1969

Bitte beachten Sie
die folgenden Seiten

D. N. Perkins

Der zündende Funke

Jeder ist kreativ

288 Seiten, gebunden

»Ein wunderbares Buch – leicht zu lesen, amüsant und erstklassig mit fesselnden ›menschlichen Experimenten‹, Übungen für den Leser zum Mitmachen, um auf diese Weise Einblicke in das kreative Denken zu gewinnen. Das ist ein wertvolles, nützliches Buch. Es faßt die Ergebnisse der letzten Forschungen zusammen und zeigt, was den Nimbus der Kreativität, an dem wir gefühlsmäßig festhalten, in Wirklichkeit ausmacht.«

New York Times Book Review
